책 읽는 삶

The Reading Life

The Reading Life by C. S. Lewis
Copyright © C. S. Lewis Pte. Ltd. 2019
www.cslewis.com
All rights reserved.

This Korean edition was published by Duranno Ministry in 2021 by arrangement with
The CS Lewis Company Ltd. through KCC(Korea Copyright Center Inc.), Seoul.

이 책은 ㈜한국저작권센터 (KCC) 를 통한 저작권자와 독점계약으로 사단법인 두란노서원에서 출간되었습니다. 저작권법에 의해 한국 내에서 보호를 받는 저작물이므로 무단전재와 무단복제를 금합니다.

책 읽는 삶

지은이 | C. S. 루이스
옮긴이 | 윤종석
초판 발행 | 2021. 7. 14.
13쇄 발행 | 2025. 7. 2.
등록번호 | 제1988-000080호
등록된 곳 | 서울특별시 용산구 서빙고로65길 38
발행처 | 사단법인 두란노서원
영업부 | 02)2078-3333 FAX | 080-749-3705
출판부 | 02)2078-3330

책값은 뒤표지에 있습니다.
ISBN 978-89-531-4027-1 03230

독자의 의견을 기다립니다.
tpress@duranno.com www.duranno.com

두란노서원은 바울 사도가 3차 전도 여행 때 에베소에서 성령받은 제자들을 따로 세워 하나님의 말씀으로 양육하던 장소입니다. 사도행전 19장 8-20절의 정신에 따라 첫째 목회자를 돕는 사역과 평신도를 훈련시키는 사역, 둘째 세계선교™와 문서선교^{단행본·잡지} 사역, 셋째 예수문화 및 경배와 찬양 사역, 그리고 가정·상담 사역 등을 감당하고 있습니다. 1980년 12월 22일에 창립된 두란노서원은 주님 오실 때까지 이 사역들을 계속할 것입니다.

THE
READING
LIFE

타인의 눈으로
새로운 세계를 보는
독서의 즐거움

책 읽는 삶

C. S. 루이스

두란노

엮은이의 글
내면세계가 확장되는 한 권의 책 읽기 8

Part 1

이토록 소중한 독서라니!

독서라는 예술, 그 희열

우리는 왜 책을 읽는가   16

나는 진정한 독서가일까?   23

동화, 아이들만의 책이 아니다   28

문학은 시간 여행   37

동화, 현실 세계에 새로운 차원의 깊이를 더하다   41

고서古書를 읽어야 한다   51

이야기에서 '기현상'이 담당하는 역할   58

책의 바다에서 성장하다   65

제일 좋아하는 작가를 처음 만난 순간   72

영화가 때로 책을 망쳐 놓는 이유   80

단어를 죽이는 법   86

찬사의 나락에서 단어를 구하라   90

J. R. R. 톨킨의 위업   98

영웅 무용담saga과 실제 역사를 혼동하는 위험   117

두 가지 여행법, 두 가지 독서법   122

Part 2
삶이 피어나는 독서의 자리로
책 읽기에 날개를 달아 줄 생각들

단어의 조합, 시어의 매력 128

진실성과 글쓰기 재능 129

문체의 위력 131

책 '속에' 있지 않고 책을 '통해' 오는 것 132

'재미'를 위한 책 133

독창성을 갖고 싶다면 134

'최신'을 믿는 신화 135

시대의 흐름을 따라잡는다? 136

'폭넓은 취향'의 의미 137

진정으로 책을 향유하는 사람 138

문단文壇의 속물들 140

좋아하는 책은 10년마다 다시 읽어야 한다 142

책을 통한 풍부한 간접 경험 143

다 읽지 않아도 된다 144

책을 읽을 자유를 위하여 145

허클베리 핀 146

유년기의 영광 147

제인 오스틴   148
예술과 문학이 건강하려면   150
예술 작업   152
보라, 들으라, 받으라   153
읽은 책에 관해 대화하기   154
편지 쓰기의 좋은 점   155
단테 예찬   156
알렉상드르 뒤마   158
동화가 안겨 준 뜻밖의 선물   159
논평의 언어   160
삶의 정수를 소통하려면   161
독서의 맛을 돋우는 나만의 비결   162
플라톤과 아리스토텔레스   163
시, 작은 성육신   164
조금만 더 읽는다면   165
셰익스피어   166
《햄릿*Hamlet*》만의 풍미   168
레오 톨스토이   170
글쓰기를 위한 조언   172
좋은 독서   173

부록

나의 독서 생활을 돌아보는 시간   174

엮은이의 글

내면세계가 확장되는
한 권의 책 읽기

"당대에 책을 가장 많이 읽은 사람. 무엇이든 읽고, 읽은 것은 전부 기억한 사람."[1] 저명한 비평가 윌리엄 엠프슨은 C. S. 루이스를 이렇게 평했다. 좀 과장한 것 아닌가 싶겠지만 문학과 철학과 고전 영역에서는 사실에 가깝다. 루이스는 열 살 때 존 밀턴의 《실낙원*Paradise Lost*》을 읽었고, 열한 살때부터 벌써 편지에 성경과 셰익스피어의 작품에 나오는 구절들을 인용해서 적어 넣기 시작했다. 이후 평생 동안 그 습관은 계속되었다. 십 대 중반에는 고전과 현대 작품을 그리스어, 라틴어, 프랑스어, 독일어, 이탈리아어로 읽었다.

게다가 루이스는 읽은 것을 정말 대부분 기억했던 것 같다. 한 제자의 회고에 따르면, 누가 《실낙원》에서 아무 대목이나 골라 인용하면 루이스가 기억을 되살려 이어지는 뒷말을 읊곤 했다고 한다. 또 다른 제자는 자기가 루이스의 책장에서 아무 책이나 꺼내 아무 페이지나 펴고 읽기 시작하면 루이스가 그 페이지의 나머지 내용을 요약했는데, 언제나 아주 정확했다고 증언한다.[2]

이런 기억력 덕에 루이스는 꼭 맞는 인용문이나 참고 문헌을 별 어려움 없이 찾아내 자신이 말하고자 하는 요점을 증명해 냈다. 머릿속에 도서관이 통째 들어 있다시피 했으니, 그의 주요 학술서마다 평균 약 1,000개의 인용구가 실려 있다는 사실도 그다지 놀랄 일은 아니다. 세 권의 서한집에만도 무려 1,200개의 인용문이나 참고 문헌이 등장한다. 심지어 어린이 책《나니아 연대기 *The Chronicles of Narnia*》에도 신화나 역사나 문학 작품을 100차례 가까이 반영 내지 암시해 두었다.

그러나 모티머 애들러가 말했듯이 "좋은 책의 관건은 당신이 몇 권을 독파하느냐가 아니라 그중 몇 권이 당신을 독파하느냐에 있다." 틀림없이 루이스도 이 말에 동의할 것이다. 본인도 자주 말했듯이, 그의 세계관과 정서는 (어렸을 때 읽은 베아트릭스 포터의 동화에서부터 1963년 11월 죽기 전 마지막 몇 주 동안에 다시 읽은 호머의 《일리아스Iliad》, 찰스 디킨스의 《황폐한 집Bleak House》, 알프레드 테니슨의 《인 메모리엄In Memoriam》에 이르기까지) 그가 읽은 모든 책을 통해 형성된 것이다.

루이스는 독서가 몸에 배어 있었고 또한 깊이 몰입해서 읽었다. 동료 학자들은 그가 옥스퍼드의 보들리언 도서관에 몇 시간씩 앉아 주변에 무슨 일이 벌어지는지도 모른 채 책을 정독하며 그 내용을 빨아들였다고들 이야기한다. 자택 서재에서 책을 읽을 때는 대개 여백에 메모도 하고 책 안에 색인도 손수 만들었다. 바이런의 《돈 주앙Don Juan》처럼 책이 무익하다 싶으면 뒤표지 안쪽에 "다시는 읽지 말 것"이라고 써 놓기도 했다.

물론 독서는 루이스의 삶에서 최고의 즐거움 가운데 하나이기도 했다. 그가 회고록 《예기치 못한 기쁨*Surprised by Joy*》에서 밝힌 이상적 일과는 오후에 하는 식사나 산책, 차 마시는 시간을 제외하고는 오전 9시부터 1시까지 그리고 다시 오후 5시부터 7시까지 책을 읽고 글을 쓰는 것이었다. 매일 여섯 시간의 이 연구 외에도 그는 식사 중에나 저녁 시간에도 가벼운 독서를 즐겼다("책을 통한 풍부한 간접 경험", "다 읽지 않아도 된다", "책을 읽을 자유를 위하여"를 참고하라). 매일 총 일고여덟 시간을 책을 읽으며 보낸 셈이다!

루이스에게 독서란 고결한 소명이자 끝없는 만족의 출처였다. 손에 책만 들었다 하면 그가 취미로 책을 읽는지, 책 읽기가 직업인지 구별이 불가능했고, 글을 쓸 때도 대체로 마찬가지였다.

루이스가 종종 말했듯이 독서에 열심인 사람들이 함께 모이면 거기서 공동체가 생겨난다("나는 진정한 독서가일까?"를 참고하라). 이는 단지 취미가 같은 사람들의 모임이 아니라, 책을 읽음으로써 자신의 세계가 넓어지고 깊어진 사람들로 이루어진 독특한 단체다. 이 책은 독서욕을 공유한 사람들의 관심을 끌 만한 재미있고 기발하고 지혜로운 글들을 루이스의 저작에서 엄선한 것이다. 어린이 판타지든 시(詩)든 공상과학소설이든 제인 오스틴 작품이든, 문학을 즐겨 읽는 사람이면 누구나 그 대상이다.

루이스의 전공 분야인 고전이나 역사 문학에 대한 그의 견해는 이 책에 싣지 않았고, 대중 작품 위주의 보편적 독서 활동에 대한 조언과 견해만 담았다. 기독교 내지 신앙 서적 읽기와 관련해 그가 내놓은 많은 평론도 제외했다. 《책 읽는 삶 The Reading Life》은 그야말로 넓은 의미의 독서 모임 회원들을 위한 것임을 밝혀 둔다.

독서에 대한 루이스의 견해들은 그 폭넓은 열정만으로도 우리를 즐겁게 한다. 책이 곧 다른 세계로 들어가는 관문임을 깨닫던 어린 날의 희열을 그는 평생 잊지 않았다. 본인이 설명한 대로다. "문학적 경험은 개성이라는 특권을 훼손하지 않으면서도 그 개성이 입은 상처를 치유해 준다. …… 훌륭한 문학을 읽으면 나는 천의 인물이 되면서도 여전히 나로 남아 있다. 그리스 시에 나오는 밤하늘처럼 나는 무수한 눈으로 보지만, 보는 주체는 여전히 나다. 예배할 때나 사랑할 때, 또 도덕적 행위를 할 때나 지식을 얻는 순간처럼, 독서를 통해서도 나는 나를 초월하되 이때처럼 나다운 때는 없다."

이 땅의 모든 문학 작품을 즐겨 읽는 이들에게 그들이 미처 생각하지 못한 부분을 일깨우고 읽는 즐거움의 깊이를 더해 주고자 이 책을 기획했다. C. S. 루이스의 위트와 지혜를 들여다보는 이 새로운 창이 당신에게도 즐거움을 선사하기를 기대한다.

데이비드 C. 다우닝

일리노이주 휘튼대학
매리언 E. 웨이드센터 공동대표

마이클 G. 모들린

하퍼원 출판사
수석 부사장 겸 편집장

---

1. James Como 편집, *C. S. Lewis at the Breakfast Table* (1992년), xxiii.
2. Como, 47, Derek Brewer의 말. Stephen Scho-field, *In Search of C. S. Lewis*, 6-7, Kenneth Tynan의 말.

THE READING LIFE

PART 1

이토록
소중한 독서라니!

독서라는 예술, 그 희열

우리는 왜
책을
읽는가

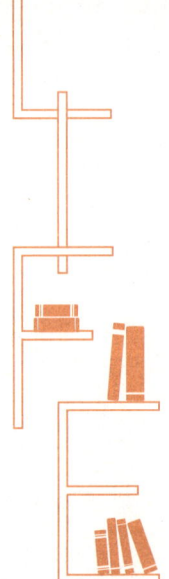

　우리는 자신의 존재를 확장하려 애쓴다. 나 이상이 되기를 원한다.
　본래 인간은 누구나 하나의 관점을 가지고 세상 전체를 본다. 자기만의 독특한 시각으로 선별해서 보는 것이다. 무심코 나래를 펼치는 듯한 우리의 공상조차도 실은 우리 자신의 심리에 흠뻑 젖어 있어 거기에 제약을 받는다. 감각의 차원에서 이 특이성을 그대로 방치한다면, 다시 말해서 주관을 무시하지 않는다면 이는 미친 짓이다. 그러면 우리는 기차 철로가 저만치 멀어질수록 정말 좁아진다고 믿어야만 할 것이다. 하지만 우리는 감각보다 더 높은 차원에서도 주관의 미몽(迷夢)에서 벗어나고 싶어 한다.

우리는 자신의 눈과 상상력과 마음으로만 아니라, 타인의 눈으로 보고 타인의 상상력으로 생각하고 타인의 마음으로 느끼기를 원한다. 라이프니츠가 말한 단자monad(더 이상 쪼갤 수 없는 하나의 실체-편집자)의 신세로 만족하지 않고 바깥세상으로 난 창을 갈구한다. 로고스(우주의 이치)로서의 문학은 일련의 창이자 심지어 문이다. 훌륭한 작품을 읽고 나면 자신이 "밖으로 나왔다"거나 관점에 따라 "안으로 들어섰다"는 느낌이 든다. 타인이라는 단자의 껍질을 뚫고 그 안이 어떠한지를 알아냈다는 뜻이다.

그러므로 좋은 독서는 비록 본질상 애정 활동이나 도덕 활동이나 지성 활동은 아니지만, 그 셋 모두와 공통점이 있다. 사랑할 때 우리는 자아를 벗어나 타인 안에 들어간다. 도덕 면에서도 정의나 자비를 실천하려면 매번 타인의 입장이 되어 자신의 경쟁 심리를 초월해야 한다. 또 무엇이든 대상을 이해한다는 것은 곧 주관적 사실을 버리고 객관적 사실을 받아들인다는 뜻이다.

인간에게는 누구나 자아를 지키고 더 강화하려는 일차적 충동이 있다. 하지만 한편으로는 자아를 벗어 버리고 그 편협성을 바로잡아 외로움을 치유하려는 이차적 충동도 함께 갖고 있다. 바로 사랑, 덕행, 지식 추구, 예술 감상 등을 통해서 우리는 이 일을 한다. 이 과정은 자아의 확장이나 자아의 일시적 소멸로 표현될 수 있다. 하지만 이는 오래된 역설이다. "자기 목숨을 잃는 자는 얻으리라."

그래서 우리는 (예컨대 루크레티우스나 D. H. 로렌스 같은) 타인의 신념 속에 즐거이 들어간다. 그 신념이 설령 허위인 듯 여겨질지라도 말이다. 또 우리는 타인의 열정 속에도 들어간다. 크리스토퍼 말로나 토머스 칼라일의 열정이 때로 그러하듯, 우리가 보기에 부패한 열정일지라도 말이다. 또 우리는 타인의 상상 속에도 들어간다. 그 상상이 전혀 현실성이 없어 보이더라도 말이다.

그렇다고 내가 지금 '힘의 문학'(드퀸시가 나눈 문학 구분 중 하나. 사람을 감동시키는 기능을 하는, 예술로서의 문학-편집자)을 다시 '지식의 문학'(사람에게 가르치는 기능을 하는, 학문으로서의 문

THE READING LIFE

우리는 자신의 눈과

상상력과 마음으로만 아니라,

타인의 눈으로 보고

타인의 상상력으로 생각하고

타인의 마음으로

느끼기를 원한다.

학-편집자)의 일부분으로, 즉 타인의 심리에 대한 우리의 이성적 호기심을 채우기 위해 존재하는 부분으로 삼으려 한다고 오해해서는 안 된다. 이것은 전혀 (그런 의미의) 지식의 문제가 아니다. 이 지식은 머리로 아는 것이 아니라 인격적이고 체험적으로 아는 것이다. 우리가 곧 타인의 자아가 되는 것이다. 단순히 타인이 어떠한 사람인지를 알기 위해서가 아니라, 타인이 보는 것을 우리도 보기 위해서다. 거대한 극장에서 잠시나마 타인의 자리에 앉기 위해서다. 타인의 안경을 쓰되 그 안경에 비치는 모든 통찰이나 기쁨이나 공포나 경이나 흥취로부터 자유로워지기 위해서다.

따라서 시에 표현해 놓은 감정이 정말 시인 자신이 실제로 느낀 것인지, 아니면 상상에서 나온 것인지는 중요하지 않다. 중요한 것은 그 감정을 우리도 같이 실감하도록 하는 시인의 능력이다. 존 던이 "유령"이라는 시에 표현한 감정에 과연 시인 자신이 유쾌하게 극화된 의미 이상을 부여했을지는 의문이다. 알렉산더 포프가 "그래, 나는 자랑스럽다"로 시작되는 대목에 표현한 감정을 그 자신도 느꼈을지는 더더욱 의문이다. 설령 느꼈다 해도 글을 쓸 때뿐이었거나 그때조차도 극적인 효과에 그쳤을 것이다.

그게 무슨 상관이란 말인가?

문학을 로고스로 볼진대, 내가 아는 한 이것이야말로 문학 고유의 가치 내지 미덕이다. 문학 덕분에 우리는 자신이 직접 경험하지 않고서도 다른 경험 속으로 들어갈 수 있다. 또한 그것은 우리가 직접 경험한 것이 아닌 만큼 그 간접 경험이 안겨 주는 가치 역시 모두 같지 않다. 그런데 그중 유독 더 우리의 "관심"을 끄는 것이 있다. 관심이 가는 까닭은 당연히 사람마다 다 달라서 보편성("현실 그대로다!")일 수도, 파격("정말 희한하다!")일 수도, 아니면 아름다움, 무서움, 외경심, 신바람, 동정심, 코미디, 단순한 통쾌감 등일 수도 있다. 문학은 이 모두를 아우른다.

우리 가운데 평생 진정한 독서가로 살아온 이들은 여간해서 충분히 인식하지 못하고 있지만, 우리의 존재가 엄청나게 확장된 것은 작가들 덕분이다. 좀체 책을 읽지 않는 친구와 대화해 보면 이 점이 제대로 와닿는다. 그는 아주 선량하고 사리 분별력도 꽤 있지만 안타깝게도 그가 사는 세계는 너무 작다. 우리라면 아마 그 속에서 숨이 막힐 것이다. 자기 자신으로만 만족하다가 결국 자아 이하가 된 사람은 감옥에 갇혀 있는 것과 같다.

하지만 나는 내 눈만으로 부족하기에 타인의 눈으로도 볼 것이다. 여러 사람의 눈으로 보더라도 현실만으로는 부족하기에 타인이 지어낸 허구의 세상도 볼 것이다. 온 인류의 눈으로도 부족하다. 나는 동물이 책을 쓸 수 없다는 것이 안타깝다. 동물도 책을 쓴다면 생쥐나 꿀벌에게 사물이 어떻게 비치는지 아주 즐겁게 배울 것이고, 온갖 정보와 감정으로 가득한 개의 후각 세계도 더 즐겁게 탐색할 것이다.

문학적 경험은 개성이라는 특권을 훼손하지 않으면서도 그 개성이 입은 상처를 치유해 준다. 상처를 치유해 주는 집단적 감정들도 있지만 그것들은 개성이라는 특권을 파괴한다. 집단적 감정 속에서는 우리 개개의 자아들이 서로 뭉뚱그려지면서 개성이 흐릿해지기 때문이다. 그러나 훌륭한 문학을 읽으면 나는 천의 인물이 되면서도 여전히 나로 남아 있다. 그리스 시에 나오는 밤하늘처럼 나도 무수한 눈으로 보지만, 보는 주체는 여전히 나다. 예배할 때나 사랑할 때, 또 도덕적 행위를 할 때나 지식을 얻는 순간처럼, 독서를 통해서도 나는 나를 초월하되 이때처럼 나다운 때는 없다.

―――

《오독: 문학 비평의 실험 *An Experiment in Criticism*》, "맺음말"

나는
진정한
독서가일까?

I. 읽은 책을 다시 읽는 일이 즐겁다면

다수의 사람들은 무엇이든 절대 두 번 읽지 않는다. 독서하지 않는 사람의 확실한 징표는 "이미 읽은 책이다"라는 말을 결론 삼아 한 번 읽은 책은 다시 읽지 않겠노라 거부하는 것이다. 이런 이들을 우리도 다 알거니와, 그들은 특정 소설에 대한 기억이 어찌나 희미한지, 도서관에 서서 30분간 책을 훑어보고서야 비로소 자신이 전에 읽었던 책이라는 것을 확실히 깨닫는다. 그리고 그 순간 즉시 그 책을 밀쳐 낸다. 그들에게는 죽은 책이다. 다 탄 성냥개비나 오래된 기차표나 어제 자 신문처럼 이미 써 버린 것이다. 반면에 명작을 읽은 사람들은 똑같은 작품을 평생 열 번, 스무 번, 서른 번도 읽는다.

II. 독서 활동을 그 자체로 매우 중시한다면

둘째로, 다수의 사람들은 비록 책을 자주 읽을 때도 있으나 독서를 별로 중시하지는 않는다. 궁여지책으로 책을 잡고 있다가 다른 소일거리가 생기면 기다렸다는 듯이 바로 책을 내던진다. 또 더러는 기차 여행, 투병 생활, 혼자 시간을 보내야 하는 난감한 순간에, 혹은 "읽다가 잠들기 위한" 하나의 방편으로나 책을 집어 들 뿐이다. 그들은 산만하게 대화를 나누면서 독서를 병행할 때도 있고, 라디오를 들으며 책을 읽을 때도 많다. 하지만 독서가는 책 읽을 시간과 조용한 환경을 늘 찾는다. 그것도 온 심혈을 기울여 찾는다. 방해받지 않고 독서에 집중하는 시간을 단 며칠이라도 박탈당하면 자신이 피폐하게 느껴진다.

Ⅲ. 내 삶을 뒤바꿔 놓은 책들을 따로 꼽을 수 있다면

셋째로, 독서가에게는 어떤 문학 작품을 처음 읽는 순간이 사랑이나 신앙이나 사별의 경험에 비견될 수 있을 정도로 중대사인 경우가 많다. 그들의 의식이 송두리째 바뀌어 이전과는 다른 존재가 될 것이다. 하지만 어떤 사람들은 아무리 책을 읽어도 이런 징후가 전혀 나타나지 않는다. 이야기나 소설을 다 읽은 뒤에도 그들에게는 별일 없었거나 아예 아무 일도 일어나지 않은 듯 보인다.

Ⅳ. 읽은 내용을 계속 반추하고 떠올린다면

끝으로, 몇몇 소수의 사람은 읽은 내용을 늘 또렷이 기

억하는 반면 다수의 사람은 그렇지 못하다. 독서 행위가 서로 다른 데서 오는 자연스러운 결과다. 전자는 좋아하는 행이나 연을 혼자서 읊조린다. 책 속 장면과 등장인물이 그들에게 일종의 표상이 되어, 이를 기준으로 자신의 경험을 해석하거나 정리한다. 그 책과 관련한 이야기를 서로 자주 길게 나눈다. 반면에 후자는 읽은 내용을 생각하거나 입에 올리는 법이 거의 없다.

만일 다수의 사람 쪽에서 심드렁하게나마 말로 똑똑히 표현한다면, 틀림없이 그들이 우리를 비난할 구실은 우리가 엉뚱한 책을 좋아한다는 것이 아니라 아예 우리가 책으로 야단법석을 떤다는 그 자체일 것이다. 우리에게 행복의 주성분인 것이 그들에게는 있으나 마나 한 것이다. 따라서 그들과 우리가 좋아하는 것이 서로 다를 뿐이라고 말하면, 거의 모든 사실을 빠뜨리는 셈이다.

그들이 책을 "좋아한다"라는 말이 정확한 표현이라면, 우리의 독서에는 무언가 다른 단어를 써야 한다. 거꾸로 우리가 책을 좋아하는 것이라면, 우리는 그들이 어떤 책을 좋아한다는 식의 표현을 써서는 안 된다. 소수가 가진 게 "좋은 취향"이라면, "나쁜 취향"이란 존재하지 않는다고 할 수 있다. 다수의 독서 경향은 그것과 다르며 아예 취향이라 할 수도 없기 때문이다. 취향이란 단어를 단일한 의미로 쓴다면 말이다. ……

많은 사람이 대중음악을 즐기는 방식을 보면, 곡조를 흥얼대며 발장단을 맞추다가 잡담도 나누고 음식도 먹는다. 그러다 그 유행가의 인기가 식으면 더는 그것을 즐기지 않는다. 그러나 바흐의 음악을 즐기는 사람은 사뭇 다르다. 벽이 "너무 허전해 보여서" 그림을 사다가 집에 걸어 놓고는 일주일만 지나면 눈길조차 주지 않는 사람들도 있다. 그러나 몇몇 소수의 사람들은 멋진 그림 한 장에서 몇 년이고 감화를 받는다.

자연으로 말하자면, 다수의 사람들이 "좋은 경치를 남들처럼 좋아한다." 굳이 나쁘다는 말은 하지 않는다. 하지만 예컨대 휴가지를 정할 때 풍경을 제일 중요한 요인으로 삼는다면, 그러니까 호화로운 호텔, 좋은 골프장, 화창한 기후 같은 중대 요건과 동급으로 친다면 그들에게는 이것이 허세로 보일 것이다.

《오독: 문학 비평의 실험 *An Experiment in Criticism*》, 1장 "소수와 다수"

동화,
아이들만의 책이
아니다

 거의 원칙으로 정하고 싶거니와, 아이들만 즐기는 동화는 부실한 동화다. 좋은 동화는 평생 간다. 왈츠를 출 때만 좋아할 수 있는 왈츠곡은 수준이 낮다.

 이 원칙은 동화 중에서도 내가 가장 사랑하는 장르인 판타지 즉 공상소설의 경우에 더할 나위 없이 옳아 보인다. 현대 비평계에서는 "성인"adult(어른)이라는 단어를 칭송의 의미로 쓴다. 비평가들은 "향수"에 적대적이고 "피터 팬 증후군"을 경멸한다. 그러니 나이를 쉰셋이나 먹고도 난쟁이와 거인, 말하는 짐승과 마녀가 여전히 좋다는 남자는 만년 청춘이라고 칭찬받기는커녕 아직 어린애라고 조롱과 동정을 살 소지가 높다. 지금부터 잠시 이런 비난에 맞서 나 자신을 변호해 볼 텐데, 이는 조롱과 동정이 마음에 거슬러서라기보다는 이 변호에 동화는 물론 문학 전반을 대하는 나의 총체적 관점이 담겨 있기 때문이다. 나의 변호는 세 가지 명제로 이루어진다.

(1) "당신네도 똑같다"라는 것이 나의 대응이다. "성인"을 단순 명사 대신 칭송의 말로 취급하는 비평가들은 자신도 성인일 수 없다. 어서 어른이 되고 싶고, 성인이라는 이유만으로 성인을 우러러보며, 유치해 보일까 봐 부끄러워하는 것, 이것은 다 유년기와 사춘기의 특징이다. 정도만 적당하다면 유년기와 사춘기 때는 그것이 건강한 증상이다. 아이들은 어서 커서 어른이 되고 싶게 마련이다. 그러나 성인이 되려는 집착이 중년이나 하다못해 성년을 막 지나고 나서도 지속된다면, 그것이야말로 미성숙하다는 증거다.

나는 열 살 때는 동화를 몰래 읽었고, 만일 그러다 들켰다면 창피했을 것이다. 그러나 50세가 된 지금은 동화를 드러내 놓고 읽는다. 나는 장성한 사람이 되어서는 어린아이의 일을 버렸는데, 유치함에 대한 두려움과 훌쩍 어른이 되고 싶던 마음도 함께 버렸다.

(2) 현대에는 성장을 바라보는 관점이 잘못되어 있는 것 같다. 비평가들이 우리를 충분히 자라나지 못했다고 비난하는 이유는 우리가 어릴 적의 취향을 잃지 않았기 때문이다. 하지만 실제로 미성숙이란 옛것을 잃지 않는 것이 아니라, 새것을 습득하지 못하는 것 아닌가? 지금의 나는 백포도주를 즐기지만, 어릴 적에는 당연히 그래서는 안 됐다. 그런데 레몬스쿼시는 여전히 좋아한다. 이것이 내가 말하는 성장이나 발육이다. 전에는 즐기는 것이 하나뿐이었는데 이제 둘이 됨으로써 내가 더 풍요로워졌기 때문이다.

하지만 먼저 레몬스쿼시에 입맛을 잃어야만 백포도주 맛을 느낄 수 있다면, 그것은 성장이 아니라 그냥 변화다. 지금의 나는 동화 못지않게 톨스토이와 제인 오스틴과 앤서니 트롤럽의 소설도 즐겨 읽는다. 이 또한 성장이다. 소설을 얻기 위해 동화를 잃어야만 했다면, 나는 성장했다고 할 수 없고 그저 달라졌을 뿐이다. 나무는 나이테가 늘면서

자라지만, 한 역을 떠나 다음 역으로 칙칙폭폭 달리는 기차는 자라지 않는다. 실제로 이 논거는 이보다 더 탄탄하고 복잡하다.

지금의 나는 동화를 읽을 때도 소설을 읽을 때만큼이나 확연히 성장해 있다. 어릴 적보다 지금 동화를 더 잘 즐기기 때문이다. 지금은 더 많은 것을 투입할 수 있으니 당연히 얻는 것도 더 많다. 하지만 여기서는 그 점을 강조하려는 것이 아니다. 설령 아동 문학의 취향은 그대로인 채로 거기에 성인 문학의 취향이 더해지기만 했다 해도, 그 확장만으로도 "성장"이라 불릴 자격은 충분하다. 반면에 단순히 보따리 하나를 내려놓고 다른 하나를 집는 과정은 성장에 해당하지 않는다.

물론 안타깝게도 성장 과정에 부수적으로 상실이 더 뒤따르는 것은 사실이다. 하지만 그것이 성장의 본질은 아니며, 그것 때문에 성장이 훌륭해지거나 바람직해지는 것은 더더욱 아니다. 만일 보따리를 놓거나 역을 떠나는 것이 성장의 본질이고 미덕이라면, 성인기에서 멈추어야 할 까닭이 무엇인가? 왜 "노년"senile은 똑같이 칭송의 말이 아닌가? 이가 빠지고 머리숱이 줄어드는 것을 왜 축하하지 않는가?

THE
READING
LIFE

나는 열 살 때는 동화를 몰래 읽었고,
만일 그러다 들켰다면 창피했을 것이다.
그러나 50세가 된 지금은
동화를 드러내 놓고 읽는다.
나는 장성한 사람이 되어서는
어린아이의 일을 버렸는데,
유치함에 대한 두려움과
훌쩍 어른이 되고 싶던 마음도
함께 버렸다.

일부 비평가는 성장과 성장의 대가를 혼동하는 것 같고, 그 대가를 실제보다 필요 이상으로 훨씬 부풀리려는 것 같다.

(3) 동화와 판타지를 유년기와 결부시키는 개념 자체가 편협하고 우발적인 생각이다. J. R. R. 톨킨이 동화를 소재로 쓴 에세이를 다들 읽어 보았기를 바란다. 아마도 역사상 이 주제에 가장 긴요하게 공헌한 글일 것이다. 당신도 읽었다면 이미 알겠지만, 거의 모든 시대와 지역에서 동화 장르는 특별히 어린이를 위해 생겨난 것이 아니며 어린이만 즐기지도 않았다. 동화는 문학계에서 유행이 지나면서 아이들 방으로 옮겨 갔다. 빅토리아 시대 주택에서 유행이 지난 가구가 아이들 방으로 옮겨 간 것처럼 말이다.

많은 어린이가 말총 소파를 좋아하지 않듯이 실제로 동화책도 좋아하지 않으며, 반대로 많은 성인은 흔들의자를 좋아하듯이 동화책도 좋아한다. 아이든 어른이든 동화를 좋아하는 사람은 아마 이유가 똑같을 것이다. 그 이유가 무엇인지 아무도 확실히 말할 수는 없다. 다만 내가 가장 자주 생각하는 두 가지 이론은 각각 톨킨과 카를 융의 이론이다.

톨킨에 따르면[1] 우리가 동화에 마음이 끌리는 이유는, 인간이란 "창조할" 때(시쳇말로 "삶에 관해 논평할" 때가 아니라 가능한 한 자신만의 작은 세계를 지어낼 때) 본연의 역할을 최대한 다하기 때문이다. 톨킨이 보기에 그것이 인간으로서 마땅히 해야 할 구실 가운데 하나다 보니, 이를 성공리에 수행할 때마다 우리는 자연히 즐거워진다. 융은 동화가 집단 무의식 속에 살고 있는 각종 "원형"을 해방시킨다고 보았다. 좋은 동화를 읽을 때 우리는 "너 자신을 알라"라는 옛 격언에 순종한다는 것이다.

여기에 감히 내 이론을 보태 보자면(사실 앞의 둘처럼 전체는 아니고 그중 한 요소지만) 동화 속에는 인간은 아닌데 어느 정도 인간처럼 행동하는 존재가 등장한다. 바로 거인과 난쟁이와 말하는 동물이다. 이들은 적어도 하나의 훌륭한 상징으로써(힘과 아름다움의 출처가 그 밖에도 많을 수 있으니), 소설의 서사로는 아직 가닿을 수 없는 독자들에게 등장인물의 심리와 성격을 소설의 서사보다 더 간단하면서도 정확하게 전달해 준다.

케네스 그레이엄의 《버드나무에 부는 바람*The Wind in the Willows*》에 배저 아저씨로 등장하는 오소리를 생각해 보라. 그는 높은 지위에 거칠고 우락부락한 태도와 숫기 없고 착한 성격이 조합된 특이한 인물이다. 어린 시절 배저 아저씨를 만난 아이는 인간성과 영국 사회사 관련 지식이 평생 뼛속에 새겨진다. 이런 깨달음은 이렇게 말고는 다른 어떤 식으로도 얻을 수 없다.

물론 아동 문학이 다 판타지는 아니듯이 판타지 서적도 다 아동 도서일 필요는 없다. 낭만주의라면 기를 쓰고 배격하는 우리 시대지만, 그래도 성인을 위한 판타지 소설을 쓰는 것이 가능하다. 다만 그런 책이 출간되려면 먼저 명칭부터 시류에 맞는 장르 문학으로 고쳐야 할 것이다. 그런데 때에 따라 어떤 작가에게는 판타지만 아니라 아동 판타지까지도 자신이 하려는 말에 꼭 맞는 장르일 수 있다.

양쪽의 차이는 미미하다. 아동 판타지와 성인 판타지의 공통점이, 그 둘 중 하나와 다른 일반 소설 또는 소위 "아동 생활 소설"과의 공통점보다 훨씬 크다. 실제로 같은 독자가 분명히 아동 판타지도 읽고 성인 판타지 소설도 읽을 것이다. 이런 독자에게는 굳이 환기시킬 필요도 없겠지만, 책을 연령대별로 깔끔하게 구분하는 것은 출판사에서나 중시할 뿐이지 진정한 독서가의 습관과는 크게 관계가 없다.

나이 들어서 유치하게 아이들 책을 읽는다고 비난받는 사람일수록 어렸을 때는 어른들 책을 읽는다고 비난받았다. 명실상부한 독서가치고 〔인생〕 시간표에 맞춰 책을 읽는 사람은 없다.

―――

Of Other Worlds (다른 세계들에 관하여),

"어린이를 위한 글을 쓰는 세 가지 방법"

---

1. J. R. R. Tolkien, "On Fairy-Stories," *Essays Presented to Charles Williams* (1947), p. 66ff.

문학은
시간 여행

아이들이 지리나 신학(맙소사!) 과목 시험은 봐도 되지만 영문학 시험은 안 된다고 생각할 사람이 많다. 지리와 신학과는 달리 문학은 즐거움을 얻는 것이 목적이기 때문이라는 것이다. 실제로 단지 "감상"을 돕기 위해 영문학 교육을 한다고들 생각한다. 물론 감상도 꼭 필요하다. 농담에 웃고 비극에 몸서리치고 슬픔에 우는 것도 문법 공부만큼이나 필요하다. 하지만 문법도 감상도 문학 수업을 하는 궁극의 목표는 아니다.

문학 수업을 하는 참목표는 학생에게 모든 "시대와 실존"까지는 몰라도 그중 태반을 "유람하게" 함으로써, 자신의 편협한 관점을 벗어 버리게 하는 것이다. 좋은(당연히 서로 견해가 다른) 교사들에게 배워서, 과거가 여태 살아 있는 유일한 곳(문학)에서 과거를 접한 학생(어린 학생까지도 포함해서)은 자신이 사는 한정된 시대와 계급에서 벗어나 더 공적인 세상으로 들어간다. 헤겔이 말한 "정신현상학"을 제대로 배우면서 다양한 인간상에 눈뜨는 것이다.

"역사"만으로는 그것이 안 된다. 역사는 과거를 주로 이차 문헌으로 공부하기 때문이다. 몇 년씩 "역사를 공부하고도" 결국 앵글로색슨족 백작이나 기사, 18세기 지방의 대지주로 살아간다는 것이 어떤 심정이었는지는 모를 수도 있다. 겉모습만 봐서는 알 수 없는 진면목은 거의 문학에서만 볼 수 있다.

문학은 폭압적인 일반화와 슬로건에서 우리를 구원해 준다. 예컨대 문학도는 군국주의라는 단어 이면에 숨어 있는 다양한 실상(아서왕의 기사 랜슬롯, 월터 스콧 소설에 등장하는 브

THE READING LIFE

문학 수업을 하는 참목표는
학생에게 모든 "시대와 실존"까지는 몰라도
그중 태반을 "유람하게" 함으로써,
자신의 편협한 관점을
벗어 버리게 하는 것이다.

래드워딘 남작, 러디어드 키플링 소설 속의 군인 멀베이니 등)을 안다.

내가 만일 대학에 몸담은 영문학 교수들을 (현대의 정황에서) 인문학의 최고 수호자로 꼽는다면, 당연히 이는 내 전공 분야를 편애한 데서 나온 산물일 수 있다. 그만큼 영문학에 큰 빚을 졌으니 말이다. 하지만 어떤 면에서 나는 이런 판단을 내리기에 적임자다. 인문학과 영문학이라면 내가 학생도 되어 보고 교수도 되어 보았지만, 역사학부에서는 (솔직히) 가르치기만 했을 뿐이다. 그래서 지금은 영문학이 셋 가운데 가장 진보적인(또한 해방을 가져다주는) 학과라고 누가 말한다면, 나도 쉽게 반박하지 못할 것이다.

―――

《현안: 시대 논평 *Present Concerns*》, "영어영문학은 이제 끝났는가?"

동화,
현실 세계에 새로운 차원의
깊이를 더하다

 백 년쯤에 한 번씩 헛똑똑이가 나타나 동화를 몰아내려 한다. 그래서 나라도 아이들이 읽을 동화를 옹호하는 것이 좋겠다.
 아이들에게 그들이 살아가는 세상에 대해 잘못된 인상을 심어 준다는 이유로 동화를 비난하는 경우가 많다. 하지만 내 생각에는 아이들이 읽을 수 있는 문학 가운데 동화야

말로 그다지 잘못된 인상을 주지 않으며, 오히려 자칫 사실주의 소설이 아이들을 속일 소지가 훨씬 높다. 나는 현실 세계가 동화 같으리라고 기대한 적은 없지만, 실제 학교생활이 학교 소설 같으리라는 기대는 있었다. 그런데 판타지는 나를 속이지 않았으나 학교 소설은 속였다. 자연법에 어긋나지 않는다는 의미에서 학교 소설 속에서 펼쳐지는 모험과 성공이 가능하기는 하지만, 아이들이 그런 경험을 직접 할 개연성은 거의 없다. 잘못된 기대를 부추길 위험이라면 이런 소설이 동화보다 더 높다.

흔히들 비난하는 현실 도피 문제도 거의 똑같이 답할 수 있다. 다만 이 경우는 문제가 그렇게 단순하지 않다. 동화는 아이들에게 현실 세계에서 일어나는 문제를 직시하는 것이 아니라 소원 성취의 세계(전문적인 심리학적 의미의 "공상") 속으로 물러나도록 가르치는가? 바로 여기서 문제가 미묘해진다. 이번에도 동화와 학교 소설을 나란히 두고 생각해 보자. "아동 도서"와는 별개로 "소년·소녀 도서"라 칭하는 기타 모든 소설도 후자에 해당한다.

분명히 양쪽 다 소원을 품게 하고 상상 속에서 그것을 충족시켜 준다. 우리는 거울 속을 지나 동화 나라에 가 보고 싶어 한다(동화). 또한 학교에서 굉장히 인기 있고 성공한 아이, 첩자의 음모를 밝혀내거나 카우보이조차 다루지 못하는 말을 타는 행운의 소년 소녀가 되기를 동경한다(학교 소설). 하지만 이 두 가지 동경에는 큰 차이가 있다.

우선 후자는 탐욕스럽고 너무 심각하며, 특히 일상과도 같은 학교생활에 대입되면 더욱 그렇다. 그 상상 속에서 맛보는 충족감은 정말 사실적인 보상이다. 그래서 우리는 현실 세계의 실망과 수모에서 벗어나려고 그쪽으로 달려간다. 하지만 결국 지독히도 불만스러운 현실 세계로 돌아와야 한다. 이 모두가 자존심을 부추기는 아첨이기 때문이다. 쾌감은 자신을 선망의 대상으로 상상하는 데서 온다.

반면에 전자인 동화 나라를 꿈꾸는 동경은 사뭇 다르다. 동화 나라를 동경하는 것과 열한 명의 영웅(교내 최고의 축구나 크리켓 팀)에 뽑히기를 동경하는 것은 의미가 다르다. 아이가 동화 속에서 펼쳐지는 모든 위험과 고생을 말 그대로 정말 동경한다고(현대 영국에서 정말 용을 원한다고) 생각할 사람이 있을까? 그렇지 않다. 동화 나라가 불러일으키는 동경이 무엇을 동경하는 것인지 아이 자신도 모른다는 말이 훨씬 맞을 것이다.

동화 나라는 손닿지 않을 무언가가 있으리라는 아련한 의식을 자극하면서 아이를 동요시키며(평생 풍요롭게 해 준다), 현실 세계에 무디어지거나 눈감게 하기는커녕 오히려 현실 세계에 새로운 차원의 깊이를 더해 준다. 아이가 마법의 숲 이야기를 읽었다 해서 진짜 숲을 멸시하지는 않는다. 오히려 독서 덕분에 모든 진짜 숲에 약간의 마법이 걸린다. 이것은 특별한 동경이다.

앞서 말한 부류의 학교 소설을 읽는 아이는 성공을 갈망하지만 (책이 끝나면) 불행하다. 자기는 그 성공을 얻을 수 없기 때문이다. 그러나 동화를 읽는 아이는 갈망한다는 사실 자체로 행복하다. 대개 사실주의 소설에서와는 달리, 생각이 자신에게 집중되지 않기 때문이다.

그렇다고 소년 소녀를 위한 학교 소설을 쓰지 말아야 한다는 말은 아니다. 판타지(문학)보다 학교 소설이 엄밀한 의미의 "공상"(판타지)일 소지가 훨씬 높다는 것뿐이다.

이 차이는 성인의 독서에도 똑같이 적용된다. 위험한 공상은 늘 겉보기에만 현실적이다. 솔깃한 몽상의 진짜 피해자는 《오디세이*Odyssey*》나 셰익스피어의 《템페스트*Tempest*》나 에릭 러커 에디슨의 《벌레 아우로보로스*The Worm*

THE
READING
LIFE

아이가
마법의 숲 이야기를 읽었다 해서
진짜 숲을 멸시하지는 않는다.
오히려 독서 덕분에
모든 진짜 숲에
약간의 마법이 걸린다.

Ouroboros》 같은 판타지에 기생하지 않는다. 그런 사람들은 이야기에 나오는 백만장자, 절세 미모, 고급 호텔, 야자수 해변, 침실 장면 등을 선호한다. 공정한 기회만 주어졌다면 그 독자에게도 그런 일이 정말 일어날 수 있고, 일어나야만 하며, 일어났을 것이다. 그래서 앞서 말했듯이 동경에는 두 종류가 있다. 하나는 정신을 단련하는 수양이고, 또 하나는 병이다.

아동 문학으로서의 동화를 훨씬 더 심각하게 공격하는 쪽은 아이들을 무섭게 하지 않으려는 사람들이다. 나도 어렸을 때 밤의 공포를 숱하게 겪어 보았기에 이 반론을 가벼이 넘길 수 없다. 혼자만 오롯이 겪어야 하는 그 지옥 불을 어느 아이에게도 지펴 주고 싶지 않다. 하지만 내 경우 동화 때문에 생겨난 두려움은 하나도 없었다. 제일 겁났던 것은 큰 곤충류였고, 그 한참 다음으로 귀신이 있었다. 귀신이야 직간접으로 이야기(분명히 동화는 아니었다)에서 유래했겠지만, 곤충은 그렇지 않았다. 부모님이 그 무슨 수를 썼더라도, 징그러운 다족류의 발과 턱과 매서운 눈초리에서 내가 자유로워질 길은 없었을 것이다.

지금껏 수많은 사람이 지적했듯이 바로 여기가 난감한

대목이다. 무엇이 한 아이를 이런 의미에서 두렵게 하거나 또는 그렇지 않을지 우리는 모른다. "이런 의미에서"라 함은 여기서 구분이 필요하기 때문이다. 아이들을 무섭게 해서는 안 된다는 사람들의 말은 두 가지 의미일 수 있다.

(1) 아이에게 병적인 두려움을 안겨 줄 만한 일은 무엇이든 해서는 안 된다. 이런 두려움은 아이를 끈질기게 괴롭히고 무력하게 하기에 웬만한 용기로는 막아 낼 수가 없다. 사실상 공포증이다. 아이가 감당하지 못할 생각이라면 가능한 그 머릿속에 주입하지 말아야 한다. (2) 아이에게 자신이 죽음과 폭력과 상처와 모험과 용기와 비겁함과 선과 악이 뒤섞인 세계에 태어났다는 사실을 애써 모르게 해야 한다. 전자의 의미라면 나도 동의하지만 후자의 의미라면 아니다. 후자는 오히려 아이들에게 잘못된 인상을 심어 주고, 나쁜 의미의 현실 도피를 부추긴다.

오게페(구소련의 국가비밀경찰)가 세계 각지에서 활동하고 원자폭탄이 터지는 시대에 태어난 세대를 그렇게 교육하다니, 그 개념 자체가 우습다. 어차피 잔인한 적을 만날 소지가 높은 그들이니, 용감한 기사와 영웅과 같은 용기를 발휘한 누군가의 이야기를 최소한 미리 들어 보게라도 하라. 그렇지 않으면 그들의 운명을 더 밝아지게 하는 것이 아니라 더 암울하게 하는 것이다.

또 우리 대부분이 알다시피 이야기에 등장하는 폭력과 유혈 상황은 아이들의 머릿속에 병적인 공포를 자아내지도 않는다. 이 점에 관한 한 나는 일말의 가책도 없이, 전체 인류의 편에 서서 현대의 개혁론자에게 맞선다. 악한 왕과 참수형, 전투와 지하 감옥, 거인과 용을 그대로 남겨 두라. 악당일랑 책이 끝날 때 확실히 죽음을 맞게 하라. 이것이 평범한 아이에게 두려움(종류나 정도 여하를 막론하고)을 유발한다는 개념에 나는 절대로 동의할 수 없다. 아이가 원하거나 아이에게 필요한 두려움 이상은 아니다. 물론 약간의 두려움은 아이도 원하니 말이다.

다만 공포증과 같은 두려움은 다른 문제다. 내 생각에 이것은 문학으로 통제 불가능한, 우리 인간이 선천적으로 타고난 어떤 요소 같다. 물론 아이의 공포 대상인 특정한 이미지를 책으로 추적해 올라갈 수 있는 경우도 있다. 하지만 그 책은 두려움의 근원인가, 아니면 계기일 뿐인가? 설령 그 이미지를 용케 피했다 해도, 당신이 전혀 예측할 수 없는 다른 이미지가 똑같은 영향을 발휘하지 않았겠는가?

G. K. 체스터턴이 말한 어떤 소년은 세상 무엇보다도 앨버트공 기념탑이 제일 무서웠다. 내가 아는 어떤 남자는 어렸을 때 《브리태니커 백과사전$^{Encyclopaedia\ Britannica}$》의 인도^{India} 보급판을 보고는 엄청난 공포에 사로잡혔다. 왜 그랬을까? 당신이 한 번 그 이유를 맞혀 보라.

불상사라고는 눈곱만큼도 일어나지 않는 깔끔한 "아동 생활 소설"만 자녀에게 읽힌다 해도, 당신은 공포를 몰아내지 못할 수 있다. 오히려 자녀에게 고결함과 참을성을 길러 줄 만한 요소만 모조리 몰아낼 수도 있다. 동화에는 무서운 인물만 아니라 영원한 위로자나 보호자들과 같은 훌륭한 인물도 같이 등장하기 때문이다. 무서운 인물도 무섭기만 한 것이 아니라 기품이 있다.

어린아이가 잠결에 무슨 소리가 들리거나 혹은 들린 것 같아서 무서워할 일이 전혀 없다면 좋을 것이다. 하지만 어차피 무서울 거라면 그런 순간에 아이가 그냥 밤도둑보다는 거인과 용을 떠올리는 것이 더 좋을 것 같다. 또 나를 이 두려움에서 건져 내 줄 존재로 경찰을 떠올리기보다는 …… 눈부신 갑옷을 입은 용사를 떠올리는 것이 더 위로가 되지 않을까?

한 걸음 더 나간다. 설령 내가 밤의 공포를 다 면할 수 있었다 해도 그 대가로 "요정"을 몰라야 했다면, 지금 나는 그 거래의 승자일까? 가볍게 하는 말이 아니다. 두려움은 아주 지독했다. 하지만 만일 그랬다면(요정을 몰랐다면) 손해가 너무 컸을 것이다.

―――

Of Other Worlds(다른 세계들에 관하여),
"어린이를 위한 글을 쓰는 세 가지 방법"

고서 古書를
읽어야 한다

    어떤 주제든 고서(古書)는 전문가만 읽고 아마추어는 현대 서적으로 만족해야 한다는 이상한 생각이 널리 퍼져 있다. 영문학 교수로 일하면서 늘 보면 플라톤 철학을 배우겠다는 학생도 정작 도서관 서가에서 번역판으로라도 플라톤의 《향연 *Symposium*》을 뽑아 읽을 생각은 하지 않는다. 대신 그보다 열 배나 더 두껍고 따분한 현대 서적을 읽는데, 온통 무슨 무슨 "주의"ism와 그 사조가 끼친 영향을 기술한 내

용일 뿐 실제로 플라톤이 한 말은 가뭄에 콩 나듯이 나온다. 겸손에서 비롯된 과오라 그나마 정감이 간다.

학생은 위대한 철학자를 직접 대면하기가 내심 두렵다. 자신이 부족해서 플라톤의 말을 알아듣지 못할 거라고 생각한다. 하지만 알고 보면 현대 해설자보다 이 위인을 이해하기 훨씬 더 쉽다. 괜히 위대한 것이 아니다. 아무리 무지한 학생도 플라톤의 말을 다는 몰라도 거의 대부분 알아들을 수 있지만, 플라톤 철학을 다룬 일부 현대 서적은 누구도 이해하기 힘들다. 그래서 내가 늘 교수로서 각별히 후학에게 신신당부하는 말이 있다. 직접 지식이 간접 지식보다 습득 가치가 높을뿐더러 대개 습득하기도 훨씬 쉽고 즐겁다는 것이다.

현대 서적을 선호하고 고서를 꺼리는 오류가 가장 성행하는 분야는 신학이다. 기독교 평신도들이 모여 공부하는 소그룹을 들여다보면, 거의 단언컨대 누가나 바울이나 어거스틴이나 토마스 아퀴나스나 리처드 후커나 조셉 버틀러가 아니라 니콜라이 베르댜예프나 자크 마리탱이나 라인홀드 니버나 도로시 세이어즈나 심지어 C. S. 루이스를 공부한다.

내가 보기에 본말이 전도되었다. 물론 나도 작가인지라 일반 독자들이 요즘 책들도 읽기를 바란다. 하지만 신서나 고서 가운데 하나만 읽어야 한다면 고서를 권하고 싶다. 이렇게 조언하는 이유는 바로 그가 아마추어라서 요즘 시대 책들만 읽을 때의 위험을 막아 내기가 전문가보다 훨씬 어렵기 때문이다. 신서는 아직 시험 단계며, 이는 아마추어가 판단할 문제가 아니다. 고금의 기독교 사상 전체를 기준으로 검증 과정이 필요하며, (대개 저자조차 생각하지 못한) 이면에 숨은 의미까지 모두 밝혀져야 한다.

대개 신서는 상당수의 다른 현대 서적들의 내용을 모르고는 다 이해할 수 없다. 8시부터 시작된 대화에 당신이 11시에 끼어든다면 아무래도 대화의 진짜 흐름이 묘연할 것이다. 별것 아닌 듯한 말에 좌중이 웃거나 반감을 보여도 당신은 이유를 모른다. 물론 이유야 대화 초반에 그 말에 특별한 의미가 부여되었기 때문이다. 마찬가지로 어느 현대 서적에 적힌 아주 평범해 보이는 문장도 다른 책과 연계된 말일 수 있다. 그래서 속뜻을 안다면 격분하여 거부할 말인데도 당신은 그냥 받아들일 수 있다.

이때 유일한 안전책은 검증된 기독교의 핵심(리처드 백스

터가 말한 "순전한 기독교")을 기준으로 해당 쟁점을 전체 시각에서 보는 것이다. 그런 기준은 고서에서만 얻을 수 있다. 중간에 고서를 하나 읽지 않았다면 절대로 신서와 신서를 연달아 읽지 않는 것이 좋다. 이런 방법이 너무 벅차다면 신서 세 권에 적어도 한 권의 고서를 읽어야 한다.

시대마다 특유의 관점이 있다. 특히 잘 포착하는 진리가 있고 특히 범하기 쉬운 과오가 있다. 그래서 우리 모두에게 이 시대 특유의 과오를 바로잡아 줄 책들이 필요한데, 그것이 바로 고서다.

모든 현대 작가는 현대의 관점을 어느 정도 공유하고 있다. 나처럼 현대의 관점에 극구 반대하는 듯한 사람들도 마찬가지다. 과거에 있었던 논쟁들을 읽다 보면 가장 눈에 띄는 사실이 있다. 지금의 우리라면 단호히 배격할 많은 내용을 대개 양측 다 아무렇지도 않게 전제하고 있다는 것이다. 그들은 서로가 극과 극인 줄로 알았지만, 사실은 높은 비율의 공통 전제를 통해 은근히 연합되어 있었다. 서로 뭉쳐 이전 시대나 이후 시대에 대항한 셈이다.

단언하는데, 20세기 특유의 맹점(장차 후손이 "어떻게 그런 생각이 가능했단 말인가?"라고 물을 만한 맹점)이 여태 우리에게는

THE
READING
LIFE

시대마다 특유의 관점이 있다.
특히 잘 포착하는 진리가 있고
특히 범하기 쉬운 과오가 있다.
그래서 우리 모두에게
이 시대 특유의 과오를 바로잡아 줄
책들이 필요한데,
그것이 바로 고서다.

이상해 보인 적이 없다. 예를 들어 히틀러와 루스벨트 대통령 사이에 또는 H. G. 웰스와 카를 바르트 사이에 이견(異見)이 없는데도 문제되지 않는 사안이 그에 해당한다. 우리 가운데 누구도 이런 맹점에서 완전히 벗어날 수 없다. 하지만 현대 서적만 읽는다면 반드시 맹점은 늘어나고, 그것을 막을 우리의 힘은 약해진다.

요즘 시대 책들은 그 내용이 옳은 경우에는 우리에게 이미 어설프게 알던 진리를 줄 뿐이고, 틀린 경우에는 이미 중병 수준인 우리의 과오를 가중시킬 뿐이다. 유일한 완화제는 우리 머릿속에 '역사의 시원한 바닷바람'을 계속 쐬는 것인데, 그러려면 고서를 읽어야만 한다.

물론 과거라고 무슨 마법이 있는 것은 아니다. 옛날에도 인간은 지금만큼밖에 똑똑하지 못했고, 우리처럼 많은 실수를 범했다. 하지만 지금과 똑같은 실수는 아니었다. 그들은 우리가 이미 범한 과오와 관련해 아첨하지 않으며, 그들의 과오는 이제 백일하에 드러났기에 우리를 위험에 빠뜨리지 못한다.

두 사람이 한 사람보다 나음은 어느 한쪽이 완전무결해서가 아니라 둘이 똑같은 길로 잘못 들기는 어렵기 때문이다. 물론 미래의 책도 과거의 책만큼이나 우리를 잘 바로잡아 주겠지만, 불행히도 지금 우리는 미래의 책을 손에 넣을 길이 없다.

―――――

《피고석의 하나님 God in the Dock》, "옛날 책의 독서에 대하여"

이야기에서 '기현상'이 담당하는 역할

좋은 이야기에는 종종 기현상 내지 초자연적 요소가 들어 있다. 그런데 이야기와 관련해 이것만큼 빈번한 오해는 없었다. 그래서 내 기억이 맞다면, 예를 들어 존슨 박사는 아이들이 기이한 동화를 좋아하는 이유를 그들이 너무 무지해서 기현상이 현실에서 불가능하다는 것을 모르기 때문이라고 보았다. 하지만 아이라고 다 기현상을 좋아하지는 않으며, 꼭 아이들만 기현상을 좋아하는 것도 아니다. 꼭 "요정"을 믿어야만 요정을 즐겨 읽는 것은 아니다. 거인, 용과 관련해서는 더 말할 것도 없다. 이 점에서 믿음은 기껏해야 무관하며, 오히려 확실히 불리하게 작용할 수 있다.

게다가 좋은 이야기에 나오는 기현상은 비록 허구이긴 하지만, 내러티브에 감동을 더하려고 그저 아무렇게나 갖다 붙인 것은 아니다. 얼마 전 어느 저녁 식사 자리에서 내 옆자리에 앉은 사람에게 무심코 이런 말을 했다. 밤에 독일어로 그림 형제가 쓴 동화를 읽다가 모르는 단어가 나왔는데, 굳이 사전을 찾아보지 않았다고 말이다. 이어 내가 "그러면 대개 아주 재미있거든요. 왕자가 노파한테 받아서 나중에 숲속에서 잃어버린 그것이 무엇인지를 추측해 보는 것이 말입니다"라고 덧붙이자, 그에게서 이런 대답이 돌아왔다. "동화라서 더 어렵겠어요. 동화는 모든 것이 자의적이니까 그 물건도 아무거나 될 수 있잖아요." 아! 그의 생각은 심각하게 틀렸다. 동화의 논리도 사실주의 소설만큼이나 엄중하다. 다만 서로 다를 뿐이다.

케네스 그레이엄이 《버드나무에 부는 바람》의 주인공을 아무렇게나 두꺼비로 설정했다고 생각할 사람이 있을까? 두꺼비 대신 수사슴이나 비둘기나 사자로 해도 되었을 거라고 말이다. 이 설정의 근거는 진짜 두꺼비의 안면이 얼빠지게 웃고 있는 약간 불쾌한 특정 부류의 인간 얼굴과 괴기하게 비슷하다는 사실에 있다. 물론 이것은 우연이다. 서로 닮아 보이는 모든 주름살이 사실은 전혀 다른 생물학적 이유로 존재하니 말이다.

의인화된 두꺼비는 시종 실없는 표정이 변하지 않는다. 그가 웃음을 멈출 수 없는 이유는 그것이 원래 "웃음"이 아니기 때문이다. 그래서 이 동물을 보면, 인간 허영심의 일면이 가장 우습고도 그럴듯한 모습으로 따로 박제화된 듯 보인다. 이 단서에 착안하여 그레이엄은 두꺼비 인물을 지어낸 것이다. 벤 존슨이 말한 "유머"의 극치인 셈이다. 덕분에 우리는 값진 보화를 얻는다. 이제부터 현실 생활에서 특정한 부류의 허영심을 접하면, 거기에 더 재미와 호의를 느끼게 된다.

하지만 그레이엄은 왜 등장인물을 동물로 위장해야 했을까? 위장이 극히 경미하기는 하다. 머리털이 없는 두꺼비가 "자신의 머리털에서 검불을 털어 내는" 대목도 있을 정도다. 하지만 없어서는 안 될 위장이다. 등장인물을 모두 인간으로 바꾸어 책을 다시 쓰려 한다면, 처음부터 딜레마에 부딪친다. 그들을 성인과 아이 가운데 어느 쪽으로 할 것인가? 알고 보면 그들은 어느 쪽도 될 수 없다. 의무나 생존 경쟁이나 집안일이 하나도 없다는 점에서 그들은 아이와 같다.

식사는 저절로 차려지고 요리는 누가 했는지도 모른다. 배저 아저씨의 부엌에서 "찬장 안 접시가 선반의 냄비를 보고 씩 웃는다." 설거지는 누가 했으며 그릇은 어디서 났는가? 외진 숲속에까지 그릇이 어떻게 배달되었는가? 두더지는 땅속 집에서 아주 아늑하게 지내는데, 무엇을 먹고 사는가? 투자 수익이 있다지만 은행은 어디 있으며 무엇에 투자했는가? 그의 앞마당 탁자에 "맥주잔을 놓았던 듯 둥그런 자국이 나" 있는데, 맥주는 어디서 구했는가?

이런 면에서 모든 등장인물의 삶은 아이의 삶과 같다. 모든 것을 제공받으며 당연시된다. 그러나 다른 면에서는 성인의 삶과도 같다. 그들은 마음대로 다니고 원하는 대로 하면서 자율적으로 살아간다.

그만큼 이 책은 가장 의뭉스러운 현실 도피의 표본이다. 각각 유년과 성년에만 누릴 수 있는 자유, 즉 공존할 수 없는 조건 속에서 누리는 행복을 그리기 때문이다. 게다가 인간이 아닌 등장인물을 내세워 그 모순을 덮어 버리기까지 한다. 이 두 부조리가 서로를 가려 준다. 이런 책이라면 의당 우리의 냉엄한 현실에 맞지 않아, 읽고 나서 일상생활로 돌아갈 때는 찜찜하고 불만스러울 법도 하다.

하지만 내가 보기에는 그렇지 않다. 오히려 이 책에 제시된 행복은 음식, 잠, 운동, 우정, 자연, 심지어 (어떤 의미의) 신앙 등 가장 단순하고 얻기 쉬운 것들로 가득 차 있다. 물쥐가 친구들에게 "조촐한 건강식"으로 차려 낸 "베이컨과 누에콩과 마카로니 푸딩"은 틀림없이 많은 아이가 실제로 음식을 먹는 데 도움이 되었다. 마찬가지로 이 동화 전체는 역설적으로 우리에게 현실을 살아갈 '살맛'을 더해 준다. 기현상 속으로 나들이를 다녀온 결과로 현실이 새삼 유쾌하게 느껴진다.

소위 "어린이 책"을 즐겨 읽는 성인은 대개 그 사실을 농담처럼 변명조로 말한다. 내 생각에 이는 어리석은 관행이다. 쉰 살 때도 똑같이 (종종 훨씬 더) 읽을 가치가 있는 책이 아니라면 열 살 때도 아예 읽을 가치가 없다. 물론 정보 도서는 예외다. 허구의 작품 가운데 나이가 들었다고 그만 읽어야 할 책이라면 애초에 읽지 않는 편이 낫다. 성인이 되었어도 크렘 드 망트(민트 향의 독한 술)에는 심드렁할지 모르나, 아무리 성인이라 해도 빵과 버터와 꿀은 여전히 즐기게 마련이다.

―――――

Of Other Worlds (다른 세계들에 관하여), "이야기에 관하여"

THE
READING
LIFE

쉰 살 때도 똑같이(종종 훨씬 더) 읽을 가치가 있는 책이 아니라면
열 살 때도 아예 읽을 가치가 없다.
허구의 작품 가운데
나이가 들었다고 그만 읽어야 할 책이라면
애초에 읽지 않는 편이 낫다.

책의
바다에서
성장하다

I. 끝없는 책의 산물

그 새집[루이스가 어렸을 때 살던 '리틀 리아'라는 집]은 내 이야기에 등장하는 주인공과도 같다. 나는 그 집의 긴 복도, 햇빛이 비쳐 드는 빈방들, 위층 실내를 감싸는 정적, 혼자 탐험하던 다락들, 멀리 물탱크와 수도관에서 흐르던 돌돌 물소리, 기왓장 사이로 부는 바람 소리 등이 만들어 낸 산물이다. 그리고 끝없이 많은 책들이 만들어 낸 산물이기도 하다.

아버지는 읽는 책마다 모두 가져와서 하나도 버리지 않았다. 서재의 책, 응접실의 책, 외투 보관실의 책, (두 줄씩 꽂혀 있던) 층계참 대형 책장의 책, 침실의 책, 물탱크를 들여놓은 다락에 내 어깨 높이로 쌓여 있던 책, 부모님의 관심 변천사를 낱낱이 보여 주던 온갖 종류의 책, 읽기 쉬운 책과 어려운 책, 아이에게 적합한 책과 전혀 그렇지 않은 책 등 그야말로 책 천지였다. 그중 내게 금지된 책은 하나도 없었다.

비가 영 그치지 않을 것 같은 오후 시간이면 나는 책장에서 줄줄이 책을 꺼내 읽었다. 처음 읽을 책이야 늘 얼마든지 많아서, 마치 들판에 나가 새로운 풀잎을 만나는 것만큼이나 확실히 보장된 일이었다.

《예기치 못한 기쁨 Surprised by Joy》, "어린 시절"

II. 어느 젊은 학자의 이상적인 하루

〔그레이트 부컴에 살 때〕 우리에게 굳어진 일과는 그 뒤로도 늘 내 마음속에 하나의 원형이 되었다. 지금도 내가 말하는 "정상적인" 하루란 곧 부컴의 원형대로 사는 날을 뜻한다(애석하게도 그런 날은 아주 드물다). 마음대로 할 수만 있다면 늘 나는 거기서 살던 대로 살 것이다. 늘 정각 8시에 아침 식사를 하고 9시에 책상에 앉아 오후 1시까지 책을 읽거나 글을 쓰겠다. 11시쯤 좋은 차나 커피를 마실 수 있다면 금상첨화다. ……

정각 1시에는 점심이 차려져 있어야 한다. 늦어도 2시에는 산책을 나가는데, 가끔 친구와 동행할 때를 빼고는 혼자 가겠다. 산책과 대화는 각기 아주 즐거운 일이지만 둘을 섞는 것은 잘못이다. 야외 세계의 소리와 정적을 말소리가 삼켜 버리기 때문이다. …… 함께 산책해도 되는 친구는 전원의 수많은 풍경을 느끼는 취향이 나와 똑같아서 눈빛을 교환하거나 걸음을 멈추거나 끽해야 팔꿈치로 살짝 치는 정도만으로도 서로 기쁨을 공유하고 있음을 확실히 알 만한 사람이어야만 한다(방학을 함께 보낸 아서 그리브즈가 내게 그런 친구였다).

산책에서 돌아오는 시각과 차를 내오는 시각은 정확히 일치하되 4시 15분을 넘겨서는 안 되며, 차는 혼자 마셔야 한다. 부컴에서도 나는 커크패트릭 부인(커크패트릭 선생님의 사모님)이 외출한 경우에는(다행히 그런 날이 아주 많았다) 차를 혼자 마셨다. 노크(커크패트릭의 별칭) 선생님은 오후의 차 마시는 시간을 싫어했다.

먹는 즐거움과 책 읽는 즐거움은 훌륭하게 잘 섞인다. 물론 모든 책이 다 먹으면서 읽기에 적합하지는 않다. 밥상머리에서 시를 읽는다면 시에 대한 모독일 수도 있다. 이럴 때는 아무 데나 펴서 읽어도 되는 두서없고 수다스러운 책이 좋다. 그런 용도의 책으로 내가 부컴에서 알게 된 것은 제임스 보즈웰 저작과 헤로도토스의 번역판과 앤드류 랭의 *History of English Literature*(영국문학사)이었다. 로렌스 스턴의 《트리스트럼 샌디*Tristram Shandy*》, 찰스 램의 *Elia*(엘리아 수필집), 로버트 버턴의 《우울증의 해부*Anatomy of Melancholy*》도 같은 취지로 읽기에 좋다.

오후 5시부터 7시까지는 다시 일해야 한다. 끝으로 저녁 식사와 그 이후 시간에는 대화를 나누거나 그것이 여의

치 않으면 가볍게 책을 읽는다. 취침 시간은 친구들끼리 밤새 즐겁게 놀 것이 아니라면 밤 11시를 넘길 이유가 없다 (부컴에는 친구가 하나도 없었다).

그러면 편지는 언제 쓸까? 당신이 잊었을지 모르지만, 지금 나는 커크패트릭 선생님과 함께 영위했던 행복한 삶을 말하고 있다. 할 수만 있다면 지금도 그렇게 살고 싶은 이상적인 삶이다. 그런데 행복한 삶의 필수 요소 한 가지는 바로 우편물이 없다시피 해서 집배원이 문 두드리는 소리에 신경 쓸 일이 없는 것이다.

―――――

《예기치 못한 기쁨 *Surprised by Joy*》, "위대한 노크 선생님"

Ⅲ. 책의 몸통까지 사랑하다

친구 아서 그리브즈가 또 하나 내게 가르쳐 준 것은 책의 몸통을 사랑하는 일이었다. 나도 늘 책을 아끼기는 했다. 형과 나는 사다리를 결딴내고도 태연할 수 있었지만, 책에 손때를 묻히거나 귀퉁이를 접는 것만은 못내 부끄럽게 여겼다. 그런데 아서는 책을 아끼는 정도가 아니라 책이라면 사족을 못 썼다. 머잖아 나도 그렇게 되었다. 지면의 구성, 종이의 감촉과 냄새, 지질에 따라 다르던 책장 넘기는 소리 등이 감각적 즐거움이 되었다.

그 바람에 커크패트릭 선생님의 결점이 들통났다. 선생님은 새로 산 내 고전 책을 정원 일을 하느라 지저분해진 손에 쥐고는, 단단한 책표지를 갈라지는 소리가 날 때까지 뒤로 꺾고 페이지마다 흔적을 남겼다. 그때마다 나는 몸서리를 쳐야 했다.

우리 아버지도 "물론 기억나지. 노크 선생님에게 흠이 하나 있다면 바로 그거였다"라고 말했다.

"나쁜 흠이었어요."

내가 맞장구를 치자 아버지는 "거의 용서할 수 없는 흠이었지"라고 말했다.

―――――

《예기치 못한 기쁨 *Surprised by Joy*》, "운명의 미소"

제일 좋아하는
작가를
처음 만난 순간

Ⅰ. 요정의 노래, 기쁨의 바람

가슴 설레는 주말 독서를 앞두고 나는 책방에서 조지 맥도널드의 소설 *Phantastes*(판타스테스)를 집어 들었다. 표지에 때가 묻은 보급판이었다. …… 그날 저녁부터 이 새 책을 읽었다.

그 이야기에 나오는 숲속 여행과 악마들과 착하고 악한 여인들은 내가 즐겨 쓰던 은유와 워낙 비슷해서, 나는 거기에 끌려들면서도 딱히 차이를 느끼지 못했다. 마치 내가 잠든 채로 국경 너머로 실려 간 듯했고, 옛 나라에서 죽었다가 어떻게 새 나라에서 살아났는지 기억을 잃은 것도 같았다. 한편으로 새 나라는 옛 나라와 똑같았다. 이미 내 마음을 사로잡았던 토머스 맬러리, 에드먼드 스펜서, 윌리엄 모리스, W. B. 예이츠의 모든 요소가 그 책에도 있었다.

그런데 또 한편으로는 모든 것이 달랐다. (책의 주인공) 아노도스가 가는 길마다 환한 그림자가 머물렀는데, 그때(그 후로도 오랫동안) 나는 그 새로운 "속성"의 이름을 몰랐다. 지금은 아는데, 그것은 거룩함이었다.

처음에는 요정들의 노래가 내 어머니나 유모의 목소리처럼 들렸다. 옛 아낙들의 이야기니 그것을 즐기는 것이 자랑스러울 것은 없었다. 마치 여태 세상 끝에서 나를 부르던 목소리가 이제 내 곁에서 말하는 것 같았다. 그것은 방 안에 나와 함께 있거나, 내 몸속에 있거나, 내 뒤편에 있었다. 잡힐 듯 잡히지 않기는 마찬가지였지만 전에는 멀었다면 이제는 지척에 있었다. 너무 가깝고 쉬워서 세상 지식으로

THE
READING
LIFE

마치
여태 세상 끝에서
나를 부르던 목소리가
이제 내 곁에서
말하는 것 같았다.

는 오히려 보이거나 이해되지 않았다. 그것은 늘 나와 함께 있었던 것 같았고, 고개를 재빨리 돌리면 손에 잡힐 듯도 싶었다. 처음으로 느꼈지만, 그것이 손에 닿지 않는 이유는 내가 무언가를 할 수 없어서가 아니라 무언가를 그만두지 못해서였다. 내가 그만두고 내려놓고 물러날 수만 있다면, 그것이 내게로 올 것이었다.

한편, 여태 기쁨을 추구하는 내 마음을 어지럽히던 모든 혼란이 이 새로운 나라에서는 무력해졌다. 이야기 속 장면들을 그 위에 머물던 빛과 혼동하거나 현실로 착각할 유혹은 없었다. 만일 그것이 현실이어서 나도 아노도스가 여행하는 숲에 갈 수 있다면 내 갈망에 한 걸음 더 가까워지리라는, 그런 망상에 빠질 유혹도 없었다.

그런데 동시에, 어느 이야기를 막론하고 그 속에 부는 기쁨의 바람이 이야기 자체와 이토록 떼려야 뗄 수 없이 하나 된 관계인 적도 없었다. 신과 우상이 거의 하나로 일치하니 둘을 혼동할 위험도 거의 없었다. 그래서 절정의 순간마다 나는 책 속의 숲과 오두막을 떠나 그 너머의 무슨 무형의 빛을 구한 게 아니다. 오히려 그 숲과 오두막에 비치던 빛이 (안개 속에 이글거리는 아침나절의 해처럼) 계속 점점 밝아져 어느새 내 과거의 삶을 비추고, 내가 앉아 있던 조용한 방을 비추고, 타키투스의 책을 읽으며 고개를 끄덕이는 노령의 내 스승을 비추었다.

새 나라의 대기는 기쁨을 성적 쾌락과 마법으로 보던 내 모든 곡해를 더러운 잡설로 만들어 버렸지만, 그렇다고 식탁 위 빵이나 난로 안 석탄에 깃든 마법까지 깨지는 않았다. 경이로웠다.

여태까지는 기쁨이 찾아올 때마다 이 평범한 세상은 잠시 사막처럼 느껴졌다. "대지와 처음 접촉한 순간은 살해에 가까웠노라"(존 키츠의 시구-옮긴이). 실제 구름이나 나무가 환상의 소재로 등장할 때조차도 그것들은 내게 또 다른 세계를 환기시켰을 뿐이고, 그래서 나는 현실로 돌아오기가 싫었다.

그런데 이 환한 그림자는 책에서 나와 현실 세계 속으로 들어왔으며, 거기에 머물렀고, 모든 평범한 것을 변화시키면서도 그것 자체는 변하지 않았다. 더 정확히 말하자면 나는 평범한 것들이 그 환한 그림자 속으로 끌려드는 것을 보았다.

"이 어찌된 일인가"(눅 1:43). 당시 나는 수치심이 깊었고 지적으로도 대책 없이 무지했는데, 그런 내게 이 모든 것이 주어졌다. 요청하거나 동의하지도 않았는데 말이다. 그날 밤 내 상상력은 일종의 세례를 받았다. 나머지 모든 부분이 세례를 받는 데는 당연히 더 오래 걸렸다. *Phantastes*(판타스테스)라는 책 한 권을 구입했다가 그런 세계에 들어설 줄은 꿈에도 몰랐다.

———

《예기치 못한 기쁨 *Surprised by Joy*》, "체크"

II. 일생일대의 국경을 넘어서다

나는 조지 맥도널드를 스승으로 여긴다는 사실을 숨긴 적이 없다. 실제로 내 저서 가운데 그의 말을 인용하지 않은 책은 한 권도 없을 것이다. 그런데 나의 애독자들은 아직도 이 귀인(歸因)에 충분히 주목하지 않는 것 같다. 정직하기 위해서라도 이를 강조하지 않을 수 없다. 꼭 정직 때문이 아니더라도, 나는 대학 교수다 보니 "근원 추적"이 골수에 배어 있을 것이다.

내가 보급판 *Phantastes*(판타스테스)를 산 때는 30년도 더 전이었다. 그전에도 서점에서 그 책을 보고도 외면한 적이 여남은 번을 될 테니, 거의 마지못해 구입한 것이다. 그로부터 불과 몇 시간 만에 나는 일생일대의 국경을 넘어와 있었다.

그때 나는 이미 낭만주의에 깊이 빠져 있었고, 언제라도 그것의 더 어둡고 악한 극단에 파묻힐 소지가 다분했다. 가파른 내리막길로 미끄러져 애착의 대상이 기묘한 것에서 괴팍한 것을 거쳐 결국 도착(倒錯)으로 변질될 수도 있었다.

사실 *Phantastes*(판타스테스)도 충분히 낭만적이지만 그래도 차이가 있었다. 당시 내 사고는 기독교와는 상극이었으므로 그 차이가 무엇인지 정말 전혀 몰랐다. 다만 이 새로운 세계는 낯설면서도 편안하고 소박하게 느껴졌다. 꿈이라면 적어도 정신이 신기하게 말똥말똥한 꿈이었고, 책 전체에서 아침녘의 상큼한 순수가 느껴졌다. 또한 죽음의 특이한 결도 놓칠 수 없었다. 좋은 죽음이었다.

사실상 그 책은 내 상상력을 회심시키고 세례까지 주었다(죽음은 바로 세례의 일부였다). 내 지성이나 (당시의) 양심에는 아직 변화가 없었다. 그것은 훨씬 나중 일이었고, 다른 많은 책과 사람의 도움을 받아야 했다. 그러나 그 과정이 끝났을 때(물론 "제대로 시작되었을 때"라는 뜻이다) 나는 여전히 맥도널드와 함께 있었다. 그는 줄곧 나와 동행했고, 비로소 나도 첫 만남에서 다 듣지 못한 말을 그에게 더 들을 준비가 되었다.

그런데 그때부터 그가 한 말은 어떤 의미에서 처음에 한 말과 똑같았다. 알맹이는 물론이고 껍데기까지도 버릴 것이 없었다. 금박을 씌운 환약이 아니라 환약 전체가 금이었다. 그의 판타지 작품에서 나를 매료시켰던 "속성"은 알고 보니 현실 세계의 속성이었다. 우리 모두가 살고 있는 신성하고 신비롭고 무섭고 황홀한 실재였다.

―――

《조지 맥도널드 선집 *George MacDonald: An Anthology*》, "머리말"

영화가 때로
책을 망쳐 놓는
이유

　일전에 라이더 해거드의 소설 《솔로몬왕의 보물^{King Solomon's Mines}》을 영화화한 작품을 보았다. 오점이 많았지만(특히 전혀 상관없는 아가씨를 지어내 반바지 차림으로 세 탐험가를 졸졸 따라다니게 만든 부분이 그랬다) 여기서는 한 가지만 짚으려 한다.
　다들 기억하겠지만, 책 결말부에서 주인공들은 석조 방

에 갇힌 채 그 나라의 미라 왕들에 둘러싸여 죽음을 기다린다. 그런데 영화 제작자는 그 상황이 지루하게 느껴진 모양이다. 그래서 대신 지하 화산을 폭발시킨 뒤 한술 더 떠서 지진까지 나게 했다. 그를 탓할 일이 아닌지도 모른다. 원작의 그 장면이 "영화에 맞지" 않아, 영화 예술의 원칙대로 고치는 것이 당연했는지도 모른다. 하지만 원작을 망쳐야만 각색이 가능했다면 애초에 그 소설을 택하지 않는 편이 나았을 것이다. 적어도 내가 보기에는 책을 망쳐 놓은 영화였다.

물론 이야기에서 얻으려는 것이 그저 흥분뿐이고 위험이 여럿일수록 흥분도 커진다면, 굴 속에서 서서히 굶어 죽는 단일한 위험보다는 연이어 급변하는 (산 채로 불타다 못해 아예 가루가 되어 버리는) 이중의 위험이 더 나을 것이다. 하지만 바로 그것이 요지다.

이런 소설에 따르는 즐거움은 한낱 흥분과는 다르다. 그렇지 않다면 원작의 장면 대신 지진이 났다 해서 내가 속았다는 기분은 들지 않을 것이다. 하지만 영화에서는 (그냥 죽을 위험과는 사뭇 다른) 죽음의 세계(이를테면 냉기, 적요, 왕관을 쓰고 홀을 든 채 빙 둘러싼 고대 사자死者들의 얼굴들)가 전혀 느껴지지 않았다. 해거드가 설정한 효과도 이를 대체한 영화의 효과 못지않게 "잔혹하거나 저속하거나 충격적이라고" 말할 수도 있을지 모르지만, 일단 여기서는 논외다.

요지는 양쪽이 전혀 다르다는 것이다. 원작은 숨죽이며 상상의 세계에 빠져들게 하지만, 영화는 순식간에 신경을 자극하며 흥분으로 몰아간다. 이 대목을 책으로 읽노라면, 주인공들이 죽음의 덫에서 벗어날지에 대한 궁금증이나 전율은 독자에게 별로 대수롭지 않은 경험이다. 나도 그 덫은 두고두고 기억나지만 그들이 그 덫을 어떻게 빠져나갔는지는 벌써 잊은 지 오래다.

"이야기에 불과한" 책 즉 인물이나 사회가 아니라 가상의 사건이 주관심사인 책을 두고 논할 때면, 거의 누구나 책이 주거나 본래 주어야 할 즐거움은 "흥분"뿐이라고 단정하는 것 같다. 이런 의미에서 흥분은 가상의 불안을 대신하는 긴장과 해소라고 정의 내릴 수 있다. 하지만 내 생각에 이는 잘못이다. 독자와 책에 따라 또 다른 요소도 개입된다. ……

이것이 나만의 경험이라면 당연히 이 글은 자전적 관심사에 불과하다. 하지만 확신하는데, 절대로 나 혼자가 아니다. 이 글은 다른 사람들도 똑같이 느낄 수 있다는 가능성에 기초한 것이다. 그들이 자신의 느낌을 규명하는 데 내가 도움이 되었으면 하는 바람도 있다.

《솔로몬왕의 보물》의 예에서 영화 제작자는 클라이맥스의 위험을 이것에서 저것으로 바꾸었고, 이로써 내가 보기에 원작을 망쳐 놓았다. 물론 흥분만이 중요하다면 위험의 종류는 상관없다. 위험의 정도만 중요할 뿐이다. 위험이 커서 주인공이 거기서 헤어날 가능성이 적을수록 이야기가 주는 흥분도 배가된다. 그러나 "다른 요인"을 생각하면 그렇지 않다. 위험의 종류에 따라 심리적 반응도 달라진다. 현실 생활에서도 위험의 종류에 따라 두려움의 종류가 달라진다. 위험이 너무 커서 그런 구분이 희미해질 때도 있을 수 있지만, 그것은 다른 문제다.

어떤 두려움은 전시에 총소리를 처음 들었을 때처럼 비장함과 짝을 이루고, 어떤 두려움은 침실에 뱀이나 전갈이 나타났을 때처럼 혐오감과 짝을 이룬다. 위험한 말을 타거나 위험한 바다에 나갈 때처럼 바짝 긴장되면서 떨리는 두려움도 있고(즐거운 전율과 한순간 잘 구별되지 않는다), 암이나 콜레라에 걸렸다는 것을 알았을 때처럼 망연자실한, 멍하고

THE READING LIFE

"이야기에 불과한" 책,
즉 인물이나 사회가 아니라
가상의 사건이 주관심사인 책을 두고 논할 때면,
거의 누구나
책이 주거나 본래 주어야 할 즐거움은
"흥분"뿐이라고 단정하는 것 같다.

허탈한 두려움도 있다. 그런가 하면 전혀 위험하지 않은 두려움도 있다. 크고 징그럽지만 무해한 곤충에 느끼는 두려움이나 유령을 생각하며 떠올리는 두려움이 그렇다.

이 모두가 현실 생활에도 있는 일이다. 그런데 상상 속에서는 그 질적인 차이가 더욱 또렷해진다. 상상 속의 두려움은 비참한 공포로 비화하거나 행동으로 분출되지 않기 때문이다.

그것이 내 의식 속에 희미하게라도 존재하지 않았던 적은 전혀 기억에 없다. 본래 《거인 사냥꾼 잭 *Jack the Giant-killer*》(1962년에 〈잭 더 자이언트 킬러〉로 처음 영화화되었다-옮긴이)은 단지 위험을 극복하는 똑똑한 영웅 이야기가 아니라, 거인의 위험을 극복하는 영웅담이다. 적들의 체구가 보통이면서 잭의 역경은 똑같이 심한 이야기도 얼마든지 쉽게 지어낼 수 있다. 하지만 그건 전혀 다른 이야기가 될 것이다.

Of Other Worlds (다른 세계들에 관하여), "이야기에 관하여"

단어를
죽이는 법

 단어를 죽이는 방식은 여러 가지다. 가장 흔한 것 가운데 하나는 부풀리기다. 우리에게 "아주" 대신 "지독하게"를, "큰" 대신 "엄청난"을, "잔인성" 대신 "가학성"을, "탐탁지 않은" 대신 "상상도 못할"을 쓰도록 가르친 사람들은 모두 단어를 죽였다.

 또 하나는 지나치게 장황한 말투다. 지키지도 못할 약

속을 단어로 남발한다는 뜻이다. 왜 중요한지 말해 줄 생각도 없으면서 무조건 "중요하다"라는 단어를 쓰는 경우가 그 예다. "대척점"diametrically을 단지 "반대"의 최상급 의미로만 쓸 때도 마찬가지다.

흔히들 단어를 죽이는 이유는 특정 단어를 소속 단체의 기치로 가로채서 그 "상품 가치"를 오직 자신들만이 사용하고 싶어서다. 그래서 "휘그당"과 "토리당"을 각각 "진보"와 "보수"라는 말로 교체했을 때 우리는 단어를 죽였다.

그러나 단어를 죽이는 가장 큰 원인은 대다수 사람이 그 단어로 단순히 대상을 묘사하기보다 찬반을 표현하려는 욕심이 단연 앞서기 때문이다. 그래서 단어는 점점 묘사에서 멀어져 평가에 가까워진다. 한동안은 그 평가에 왜 좋거나 나쁜지가 아직 살짝 암시되어 있지만, 결국은 순전히 평가만 남는다. "좋다"나 "나쁘다"의 무익한 동의어가 되는 것이다. ……

이미 잃어버린 것을 결벽증적으로 의고체(擬古體)를 고집해서 되찾을 수 있다는 말은 아니다. 그러나 우리 자신이라도 결코 단어를 죽이지 않기로 다짐한다면 마냥 무익하지만은 않을 것이다. 현대 비평계의 어법 때문에 위와

THE READING LIFE

단어를 죽이는 가장 큰 원인은
대다수 사람이 그 단어로
단순히 대상을 묘사하기보다
찬반을 표현하려는 욕심이
단연 앞서기 때문이다.
그래서 단어는 점점 묘사에서 멀어져 평가에 가까워진다.

같은 과정에 시동이 걸리면, 결국 "미성년"adolescent과 "최신"contemporary도 각각 "나쁘다"와 "좋다"의 한낱 동의어로 전락할 수 있다. 그보다 더 이상한 일도 실제로 있어 왔다. 그런 기미가 보이거든 우리는 이를 어휘에서 몰아내야 한다. 일부 공원에 붙어 있는 2행시 경고문을 이렇게 고쳐 보고 싶다(원래 둘째 줄은 "당신이 오기 전에는 이곳이 아름다웠다"이다-옮긴이).

   부끄럽게 이런 말 들을 일을 하지 말라.
   당신이 오기 전에는 이곳이 유의미했다.

―――

Studies in Words (단어 연구), "서문"

찬사의 나락에서
단어를 구하라

〔로즈〕 매콜리 양이었던 것 같다. 그녀는 한 유쾌한(철선처럼 강하면서도 가벼운) 글에서, 사전마다 "이제는 부정적 의미로만 쓰이는" 단어는 꼭 실려 있는데 "이제는 긍정적 의미로만 쓰이는" 단어는 눈을 씻고 보아도 없다고 한탄했다.

실제로 거의 모든 욕설이 본래는 그냥 묘사하는 단어였다. 지금은 도덕성을 비난하는 의미(나쁜 놈)로 쓰이는 "빌런"villain도 예전에는 단순히 사람의 법적 지위를 규정하던 단어였다.

인류는 웬만한 비방의 말로는 만족하지 못하는 것 같다. 그래서 상대가 부정직하거나 잔인하거나 또는 상대를 믿을 수 없다는 말 대신, 사생자라느니 어리다느니 신분이 천하다느니 심지어 모종의 동물에 빗대어서 말한다. 사람을 "상놈, 개망나니, 촌뜨기, 천것, 개, 돼지, (요즘에는) 미성년adolescent('머리에 피도 안 마른 녀석'이라는 뉘앙스-편집자)"이라고 부르는 것이다.

하지만 그것이 전부는 아닌 것 같다. 한때 욕이었다가 지금은 칭찬을 의미하는 단어는 별로 없다. 얼른 떠오르는 단어는 "민주주의자"democrat뿐이다. 하지만 순전히 칭찬의 의미로만 변한 단어는 얼마든지 있다. 본래는 의미가 한정되었으나 지금은 막연히 칭송하는 그저 소음에 불과하다. 가장 확실한 예는 "신사"gentleman라는 단어다. 이 또한 ("빌런"처럼) 원래 신분과 문장(紋章)을 규정하는 단어였다. 아무개가 신사인지를 묻는 물음에 맞는 답은 그가 변호사나 문학석사인지 여부만큼이나 거의 분명했다.

그런데 (그런 물음이 아주 잦아진) 40년 전쯤부터 답이 불가능해졌다. 신사라는 단어가 순전히 찬사로 변했기 때문이다. 게다가 찬사의 근거가 되는 자질도 그 말을 하는 사람의 생각 속에서조차 순간순간 변했다. 이 또한 단어가 죽어가는 한 방식이다. 유능한 언어 전공의라면 문제의 단어에 "정말"이나 "참" 같은 수식어가 기생하기 시작하는 순간, 불치병을 선고할 것이다. "신사"의 의미가 분명하면 아무개는 신사라는 말로 충분하다. 그런데 "정말 신사", "참신사", "진정한 의미의 신사"로 말이 불어나기 시작하면 단어의 수명이 거의 다한 것이다.

그래서 감히 내가 매콜리 양이 했던 말을 확장해 보겠다. 본래 순수하던 단어가 나쁜 의미를 얻는 것만이 아니라, 사실은 아첨과 모욕하는 뜻을 가진 어휘가 단순한 의미 규정의 어휘를 몰아내고 계속 세를 불린다. 말horse이 늙으면 인위적으로 숨을 끊고, 낡은 배는 부수어 없애듯이, 단어도 끝내 스러질 때는 "좋다"와 "나쁘다"의 끝없는 동의어 목록에 하나를 더 보탤 뿐이다. 대다수 사람이 그냥 사실을 묘사하기보다 호불호를 피력하려는 욕심이 더 많은 한, 이는 언어의 보편 진리로 남을 수밖에 없다.

이 과정은 지금도 매우 빠르게 진행되고 있다. "추상

적"abstract과 "구체적"concrete이라는 단어는 본래 사고에 꼭 필요한 어떤 구분을 표현하려고 생겨났지만, 지금은 최고 고등교육을 받은 사람들만이 그런 의미로 쓴다. 대중 언어에서 "구체적이다"라는 말은 이제 "확실히 규정되어 있어 실행 가능하다"라는 의미 정도의 칭찬 용어로 바뀌었다. "추상적이다"라는 말도 (영어의 "난해하다"abstruse와 음운이 비슷하기도 해서) "애매하다", "막연하다", "알맹이가 없다"는 비난의 뜻을 담은 용어로 바뀌었다.

일부 화자에게 "현대적"modern은 이제 시대라는 어감을 잃고 "좋은 의미로 바뀌어", 대개 "효율적인" 또는 (문맥에 따라) "친절한"이라는 뜻에 불과한 말이다. 일부 화자에게 "중세 야만"medieval barbarities은 중세를 가리키지도 않고 야만으로 분류되는 문화를 의미하지도 않는다. 그냥 "심하게 잔인하거나 악하다"라는 뜻일 뿐이다. "인습적"conventional이라는 말은 이제 부연 설명 없이는 본뜻으로 쓰일 수 없다. "실제적"practical이라는 말도 순전히 칭찬의 의미로 바뀌었고, 일부 문학 비평 학파의 경우 "최신"contemporary도 별로 다를 바 없다.

찬사와 비방의 나락에서 한 단어라도 구하는 일은 모

국어를 사랑하는 사람이라면 누구나 노력할 가치가 있다. 당장 위기에 몰린 단어가 하나 생각난다. 바로 "기독교적"Christian이라는 단어다. "기독교적 도덕 기준"을 말하는 정치인들은 매번 유교나 스토아학파나 제러미 벤담의 도덕과는 구별되는 기독교적 도덕의 특성을 생각하지는 않는다. 차라리 이 단어는 우리의 정치 지형에서 "도덕 기준"이라는 말 앞에 붙여야만 할 것 같은 많은 "미사여구"의 하나로 느껴질 때가 많다. "기독교적"이라는 말 대신 "문명화된"civilised(역시 망가진 단어다), "현대적", "민주적", "개화된"enlightened 등을 써도 무난할 것이다.

하지만 "기독교적"이라는 단어가 단지 "좋다"의 동의어가 된다면, 정말 큰 폐단일 것이다. 다른 사람은 몰라도 역사가들만은 그 단어를 본래 의미로 써야 할 때가 있기 때문이다. 그럴 때 그들은 어떻게 할 것인가?

단어를 나락으로 떨어지게 두면 늘 이런 문제가 발생한다. 돼지를 뜻하는 단어 "스와인"swine을 단지 욕으로 둔갑시키면 정작 그 동물을 지칭할 때는 새 단어 "피그"pig가 필요해진다. "사디즘"sadism을 "잔인성"cruelty의 쓸모없는 동의어로 축소시키면, 실제로 마르키 드 사드를 괴롭혔던 매우 특이한 가학적 변태 성향을 지칭해야 할 때는 어떻게 할 것인가?

주목해야 할 점은 "기독교적"이라는 단어의 위험이 공공연한 적에게서 오는 것이 아니라 우군에게서 온다는 것이다. "신사"라는 단어를 죽인 사람도 평등주의자가 아니라 품위를 과도하게 떠받들던 부류였다. 일전에 내가 어떤 자리에서 특정한 사람들은 기독교인이 아니라고 말했더니, 한 비평가가 나더러 사람의 마음을 읽지도 못하면서(물론 그 말은 맞다) 어떻게 감히 그렇게 말하느냐고 물었다. 나는 그 단어를 "기독교의 일정한 교리를 믿는다고 고백하는 사람"이라는 뜻으로 썼는데, 그 비평가는 "훨씬 깊은 의미"(그의 이 표현도 맞다)로 써야 한다고 했다. 다만 의미가 너무 깊어서 인간이 보아서는 그 단어가 누구에게 해당하는지를 알 수 없다는 것이 문제였다.

그 "훨씬 깊은 의미"가 더 중요하지 않느냐고? 그야 물론이다. 문장(紋章)을 소유하는 것보다 "정말" 신사가 되는 것이 더 중요한 것과 마찬가지다. 하지만 단어의 가장 중요한 의미가 늘 가장 유용하지는 않다. 명시적 의미의 쓰임새를 모두 제거해 버린다면, 그 단어가 품은 함의를 심화시킨다고 해 봐야 무슨 소용인가? 어느 여성들이 느끼는 것처럼 단어도 "지나친 호의에는 숨이 막힐" 수 있다.

아무리 경건하게라도, 단어를 죽인 사람은 그 단어가 본래 표방하던 대상마저도 자신의 힘닿는 한 인간의 사고에서 소멸시킨 것이다. 말하는 법을 이미 잊은 내용에 관해서는 사람의 생각도 오래 지속되지 않는다.

Of Other Worlds(다른 세계들에 관하여), "이야기에 관하여"

THE READING LIFE

말하는 법을

이미 잊은 내용에 관해서는

사람의 생각도

오래 지속되지 않는다.

J.R.R. 톨킨의 위업

I. 《호빗*The Hobbit*》 서평

출판계에서는 《호빗》이 《이상한 나라의 앨리스*Alice in wonderland*》와는 사뭇 다르지만 교수의 작품 활동이라는 점에서 비슷하다고 말한다. 하지만 더 중요한 사실은 둘 다 몇 손가락 안에 들 만한 부류의 책이라는 것인데, 그 부류에 속하는 책들은 우리를 각각의 세계로 불러들인다는 점 외에는 아무런 공통점도 없다. 그 세계는 우리가 어쩌다 거기로 들어서기 전에도 쭉 있었던 것 같으나, 일단 적합한 독자가 발견하고 나면 없어서는 안 될 곳이 된다. 루이스 캐럴의 작품 《이상한 나라의 앨리스》, 에드윈 애벗의 《플랫랜드Flatland》, 조지 맥도널드의 Phantastes(판타스테스), 케네스 그레이엄의 《버드나무에 부는 바람》 등에 그런 세계가 나온다.

물론 이 책은 신작이라서 지금은 《호빗》의 세계를 규정할 수 없다. 일단 그곳에 가 보면 잊을 수 없지만, 가 보기 전에는 예상할 수 없다. ……

직접 읽어 보면 알겠지만, 이런 변화는 불가피하며 주인공의 여정과도 보조를 맞춘다. 신기한 것투성이지만 자의적 요소는 하나도 없다. 야생지대wilderland에 사는 모든 주민도 의문의 여지없이 우리와 똑같이 존재할 권리가 있어 보인다. 다만 그들을 만나는 행운을 거머쥔 어린이는 그들 또한 우리의 혈통과 전통의 깊은 뿌리에서 나왔음을 아직 모를 테고, 어른이라도 교육을 받지 않았다면 사정은 크게 다르지 않을 것이다.

꼭 알아야 할 다음 사실 때문이다. 즉 이 책은 아이 방에서 처음 읽을 수 있다는 의미에서만 아동 도서일 뿐, 이후에도 두고두고 읽어야 할 책이다. 《이상한 나라의 앨리스》는 아이들은 진지하게 읽고 어른들은 웃으면서 읽는 책이다. 반면에 《호빗》은 꼬마 독자에게는 한없이 재미있겠지만, 세월이 흘러 열 번째나 스무 번째 읽을 때에야 비로소 깨닫게 될 사실이 있다. 책 전체가 그토록 원숙하고 따뜻하면서 그 나름의 현실인 것은, 바로 뛰어난 학식과 깊은 성찰에서 나온 산물이어서라는 것이다. 예측이란 위험한 일이지만 《호빗》은 고전의 반열에 들 것이다.

―――

《이야기에 관하여 *On Stories: and Other Essays on Literature*》, "《호빗》"

II. 〈반지의 제왕 *The Lord of the Rings*〉 시리즈 서평

이 책[1]은 마른하늘에 번쩍이는 번개와도 같다. 윌리엄 블레이크의 《순수의 노래 *Songs of Innocence*》가 그 시대에 그랬던 것처럼 우리 시대에서 단연 독보적이고 예측을 불허하

THE READING LIFE

예측이란 위험한 일이지만

《호빗》은 고전의 반열에 들 것이다.

는 책이다. 낭만주의라면 병적이리만치 배격하는 이 시대에 갑자기 영웅 소설이 찬란하고 유창하고 호기롭게 복고했다는 말만으로는 부족하다. 별난 시대에 살고 있는 우리에게야 이 복고가 한없는 안도감과 더불어 꽤 중요하다. 하지만 《오디세이》와 그 이전으로까지 거슬러 올라가는 영웅 소설 자체의 역사로 보자면, 이는 복고가 아니라 발전이나 혁명이다. 신대륙 정복이다.

이런 작품은 일찍이 없었다. 나오미 미치슨은 "맬러리의 작품만큼이나 진지하게 대해야 할 책이다"라고 썼다.[2] 그런데 토머스 맬러리의 《아서왕의 죽음 Morte d'Arthur》에서 느껴지는 불가항력의 현실감은 여러 세기를 거치는 동안 여러 사람이 수고하며 점점 더 불어넣은 것이고, 그것이 작품 속에 자연스럽게 녹아들었다. 하지만 톨킨 교수의 전혀 새로운 위업은 이에 필적할 만한 현실감을 아무런 도움도 없이 창출했다는 점이다. 지금까지 세상에 나온 책 가운데 저자가 말했던 "준창조"sub-creation라는 것을 이토록 극명히 보여 주는 사례는 아마 없을 것이다.[3]

모든 작가가 현실 세계에 직접 질 수밖에 없는 빚(더 미묘한 부류의 빚이 당연히 있다)도 이 책에서는 일부러 최소화시킨다. 본인만의 이야기를 지어내는 대신 그는 뻔뻔하리만치 통 크게 아예 다른 세계를 통째 지어낸다. 이야기는 그 세계의 자체적인 신학, 신화, 지리, 역사, 고문서, 언어, 존재 질서에 따라 전개되어야 한다. "이상한 생물이 무수히 가득한" 세계다.[4]

인명과 지명만으로도 하나의 향연이다. 이름은 한적한 시골을 연상시키기도 하고(미첼 델빙, 사우스 파딩), 준수한 외모를 갖춘 왕족의 기품을 풍기기도 하고(보로미르, 파라미르, 엘렌딜), 일명 골룸인 스메아골처럼 혐오스럽기도 하며, 바랏두르나 고르고로스 지역의 악한 기운은 위압적이다. 그 중에서도 압권은 명민하고 고결한 요정의 아름다움을 잘 살려 낸 이름인데(로슬로리엔, 길소니엘, 갈라드리엘), 그것을 이토록 여실히 포착해 낸 산문 작가는 여태 없었다.

이런 책이라면 당연히 숙명의 독자층이 있게 마련이다. 그들은 이미 생각보다 숫자도 많거니와 감식안이 뛰어나 따로 서평을 읽을 필요도 없다. 다만 이것은 꼭 짚고 넘어가고 싶다. 이 책에는 칼처럼 예리하거나 저온에 달군 쇠처럼 화끈거리는 아름다움이 있다. 당신의 마음을 뒤흔들 책이다. 이 책이 상상을 초월하는 기쁜 소식임을 그들도 알게 될 것이다. 그들의 행복을 완성시키려면 이 작품이 찬란한 장편을 예고하고 있다는 사실만 덧붙이면 된다. 지금 이 책은 3부작 가운데 1편에 불과하다.

그런데 이 책은 워낙 훌륭해서 그 속의 신민들만 다스리는 데서 그칠 수 없다. 그래서 아직 이쪽으로 전향하지 않은 "외인"에게도 꼭 해 둘 말이 있다. 그러면 적어도 몇 가지 있을 법한 오해는 피할 수 있다.

우선 분명히 알아야 할 것이 있다. 《반지 원정대 $^{The\ Fellowship\ of\ the\ Ring}$》는 어떤 면에서 저자의 동화 《호빗》의 연장이지만, 결코 덩치만 커진 '아동' 도서는 아니다. 사실은 그 반대다. 《호빗》은 저자의 거시적 신화에서 한 조각을 찢어 내 어린이에 맞게 각색한 것에 불과했고, 각색하다 보니 자연히 잘려 나간 부분도 있다. 그 신화의 윤곽은 마침내 《반지 원정대》에서 "진짜 규모를 실물 그대로"(존 밀턴의 시구-옮긴이) 드러낸다. 이 부분에 관한 오해는 책의 첫 장^{chapter}을 읽으면서 생겨나기 쉽다. 저자가 (모험을 감행하여) 1장을 집필한 방식은 훨씬 가벼운 그 전작(前作)과 거의 같다. 그래서 이 책 본문에서 깊은 감동을 받게 될 독자라면, 1장이 썩 마음에 들지 않을 수도 있다.

하지만 책이 그렇게 시작되는 데는 그만한 이유가 있으며, 그 앞에 있는 프롤로그는 더더욱 그렇다(완전히 감탄을 자아낸다). 먼저 우리는 "볼품없고" 경박하고 (가장 좋은 의미로) 천하기까지 한 호빗이라는 동물에 반드시 푹 젖어들어야 한다. 이 수수한 무리는 평화로우면서도 무정부 상태에 가깝고, 얼굴은 "잘생겼다기보다 마음씨가 좋아" 보이며, "입은 잘 웃고, 잘 먹는 편이다."[5] 또 …… 이미 아는 내용이 나오는 책을 좋아한다. 호빗족은 영국인에 관한 우화는 아니지만, 아마 영국인만이 지어낼 수 있는(네덜란드인도 추가해야 할까?) 신화일 것이다.

책의 중심 주제는 호빗족(또는 "샤이어")과 그중 일부가 부름받은 가공할 운명 사이의 대립이라 할 수 있다. 알고 보면 샤이어가 그간 누려 온 평범한(그들이 당연히 정상으로 여겨 온) 행복은 사실 아주 국지적이면서 심지어 한시적인 일종의 우연이고, 샤이어 마을이 계속 존재하려면 그들로서는 감히 상상도 못할 어떤 세력이 보호해 주어야 하며, 호빗 가운데 누구라도 부득이 샤이어를 벗어나 그 맹렬한 싸움에 휘말릴 수 있다. 더 이상한 것은 최강자들 사이의 싸움인 그 사건이 거의 최약체인 어느 한 호빗에게 달려 있을 수도 있다는 점이다.

이 책은 딱히 가리켜 보이는 신학적·정치적·심리적 적용이 없다는 점에서 우화가 아니라 신화다. 신화는 각 독자에게 그가 가장 긴밀하게 몸담고 살아가는 세계를 가리켜 보인다. 그것은 만능 열쇠므로 아무 데나 자신이 원하는 문에 끼우면 된다. 또한 《반지 원정대》에는 똑같이 진지한 다른 주제들도 있다.

그래서 "현실 도피"니 "향수"니 하는 비난은 들어설 자리가 없고, "사적 세계" 운운하는 의혹도 마찬가지다. 이것은 앵그리아(샬롯 브론테와 그 남동생이 지어낸 가상의 나라-옮긴이)나 몽상이 아니라 합리적이고 냉철한 창작물로써, 저자가 빚어낸 통합된 사고가 구구절절마다 드러나 있다. 누구나 직접 들어가서 검증할 수 있는 균형 잡힌 세계를 두고 "사적"이라니, 말이 되는가?

현실 도피에 관해서라면, 이 책을 통해 우리는 주로 일상의 미몽에서 벗어나는 것이지 결코 고뇌에서 벗어나는 것이 아니다. 우리 각자의 안에 있는 호빗을 달래 주려는 아늑한 벽난로와 흥겨운 시간도 많이 나오지만, 내가 보기에 거의 지배적인 기조는 고뇌다. 그것도 우리 시대에 숱한 가장 전형적인 문학에 나오는 것처럼 이상하거나 일그러진 영혼의 고뇌가 아니라, 어둠이 닥쳐오기 전까지 행복했고 생전에 어둠이 사라지면 다시 행복해질 그런 사람들의 고뇌다.

향수는 등장하기는 하는데 우리나 저자의 향수가 아니라 등장인물들의 향수다. …… 드물게 특별한 순간을 제외하고는 우리네 세상은 그렇게까지 과거에 지배당하지 않는다. 향수는 등장인물들이 품고 사는 고뇌의 한 요소다. 하지만 고뇌가 있는 곳에 묘한 환희도 따라온다. 사라진 문명과 잃어버린 영광에 관한 기억은 그들을 아프게 함과 동시에 일으켜 세운다. 그들은 제2시대와 제3시대를 뒤로했고, 생명의 포도주는 바닥난 지 오래다. 읽다 보면 어느새 우리도 그들의 짐을 함께 지고 있다. 하지만 다 읽고 나서 현실의 삶으로 돌아올 때면, 우리는 물러진 것이 아니라 더 강인해져 있다.

이마저도 이 책이 말하려는 전부는 아니다. 저자가 통상적으로 보여 준 상상과는 거의 반대여서 그 출처가 묘연하기는 하지만, 가끔씩 인물들은 생명력(인간의 생명이 아니다)이 넘쳐흐르는 모습으로 우리를 맞이한다. 차라리 우리의 고뇌와 환희는 대수롭지 않아 보일 정도다. 톰 봄바딜이 그렇고 잊지 못할 엔트족도 마찬가지다. 이것이야말로 창작물이 도달할 수 있는 극한의 경지다. 저자가 지어냈는데도 자신의 것이 아니고 다른 누구의 것은 더더욱 아닌 듯하니 말이다. 결국 신화 창작은 가장 주관적인 활동이 아니라 가장 덜 주관적인 활동인 것일까?

여기까지 말했는데도 숲의 무성한 잎, 열정, 고결한 덕, 머나먼 수평선 등 아직 빠뜨린 것이 대부분이다. 지면이 허락된다 해도 내가 다 전달하기는 어렵다. 이 책의 가장 분명한 매력을 다 꼽고 나면, 가장 깊은 매력은 어쩌면 이것이다. "아직 슬픔이 있었고 어둠도 밀려왔지만, 큰 용맹과 위업이 다 헛되지만은 않았다."[6] 다 헛되지만은 않았다는 표현은 환상과 환멸 사이의 절묘한 중간점이다.

1편을 비평할 때 나는 당연히 이 작품이 성공할 만하다고 확신하면서도 감히 거기까지 바라지는 못했다. 다행히 결국 내가 틀렸다. 그러나 이 하나의 잘못된 비판에는 답하는 것이 좋겠다. 즉 등장인물이 다 흑 아니면 백 둘 중 하나라는 불만이다. 1편 클라이맥스의 주관심사가 보로미르의 생각 속에서 벌어지는 선과 악의 싸움인데도 어떻게 그런 말이 나올 수 있는지 쉬이 납득할 수가 없다. 위험을 무릅쓰고 내가 추측해 보겠다. 2편에서 누가 "이럴 때는 어찌할지를 어떻게 판단해야 합니까?"라고 묻는다. 그러자 "늘 판단하던 대로 하면 되지요. …… 선과 악은 달라지지 않았으니까요. …… 요정과 난쟁이 세계에서도 선악은 인간 세계와 다르지 않습니다"라는 대답이 돌아온다.[7]

이것이 톨킨이 이야기하는 세계 전체의 기초다. 일부 독자는 흑과 백의 엄격한 구분을 보고서는(또한 이를 싫어하여) 그것이 악인과 선인의 엄격한 구분인 양 착각한다. 이는 체스판 위에 놓인 모든 말이 (사실과 달리) 비숍처럼 같은 색깔을 따라서만 움직여야 한다고 단정하는 셈이다. 하지만 이런 독자도 나머지 두 편에서는 그렇게 무조건 우기기가 어렵다. 옳은 편에게도 여러 가지 동기가 있고, 현재의 배신자도 대개 처음에는 의도가 비교적 순수했다. 숭고한 로한과 장엄한 곤도르도 조금은 병든 왕국이다. 사악한 스메아골도 이야기 후반까지는 선한 의욕을 보이는 데다, 끝내 그를 돌이킬 수 없는 지경으로 떠민 것은 (비참한 역설이지만) 가장 이타적인 등장인물이 무심코 던진 말이다. ……

(곤도르를 포위하던 새벽녘처럼) 감동적인 순간을 고르자면

한이 없다. (서로 판이하면서도) 전반적으로 탁월한 점을 두 가지만 짚어 볼까 한다. 하나는 뜻밖에도 사실주의다. 내 세대가 겪은 전쟁(제1차 세계대전-옮긴이)의 특성이 이 전쟁에도 고스란히 담겨 있다. 영문 모를 끝없는 이동, "만반의 준비가 끝난" 전선의 음산한 적막, 달아나는 민간인들, 뜨겁고 진한 전우애, 절망 속에 피어나는 일상의 소소한 즐거움…… 등 모든 것이 사실적이다. 저자가 어딘가에 밝혔듯이 그의 동화 취향은 현역 복무를 통해 깨어나 무르익었다.[8]

물론 그래서 우리는 그가 그리는 전쟁 장면들을 두고 (난쟁이 김리의 말을 빌려) "여기는 기반이 탄탄하다. 이 지역은 뼈대가 튼튼하다"라고 말할 수 있다.[9] 또 하나 탁월한 점은 단순히 줄거리를 위해서만 존재하는 개인이나 종(種)이 없어 보인다는 것이다. 모두가 독자적 자격으로 존재하며, 설령 줄거리와 무관할지라도 각각의 고유한 풍취 때문에라도 등장할 값어치가 있을 것이다.

나무수염은 어느 작가에게나(그런 인물을 생각해 낼 수만 있다면) 책 전체에서 아주 요긴하게 쓰일 인물이다. 그의 눈빛은 "먼 옛날부터 이어진 기억과 느리되 끊이지 않는 오랜 생각으로 가득 차" 있다.[10] 여러 시대를 지나는 동안 그의 이름도 함께 길게 자라나 이제 자신도 이름을 댈 수 없다. 말하려면 너무 오래 걸린다. 자신들이 서 있는 곳이 언덕이라는 말을 들은 그는, 언덕 위에서 살아온 오랜 역사에 비해 좀 "짧은 단어"라고 탄식한다.[11]

나무수염을 얼마나 "예술가의 초상"(제임스 조이스의 표현-옮긴이)으로 볼 수 있을지는 의문으로 남겨 둘 수밖에 없다. 반지를 수소 폭탄으로, 모르도르를 러시아로 보려는 사람들이 있다는 말이 톨킨의 귀에 들어간다면, 내 생각에 그는 이를 "짧은"(경솔한) 단어라 할지도 모르겠다. 그의 세계가 자라나는 데 걸리는 기간을 사람들은 도대체 얼마로 보는 것일까? 현대 국가가 공적(公敵) 1호를 바꾸거나 현대 과학이 신무기를 개발하는 것만큼이나 그 일도 속성으로 가능하다고 생각하는 것일까? 톨킨 교수가 이 책을 쓰기 시작했을 때는 핵분열도 없었을 테고, 모르도르의 당대 화신도 영국에 지리적으로 훨씬 가까웠다(러시아가 아닌 독일을 가리킨다-옮긴이).

더욱이 본문 자체에 보면 사우론은 영원하며, 반지 전쟁은 그에 맞서 싸운 수많은 전쟁 가운데 하나에 불과하다. 우리로서는 매번 그의 최후 승리를 염려하는 것이 현명한 처사다. 그가 최후 승리를 거둔 뒤에는 "노래는 더 이상 없을" 테니 말이다. "바람이 동쪽으로 불고 있고, 머잖아 모든 숲이 시들 수 있다"라는 확증이 계속 쌓여 갈 것이다.[12] 우리가 이길 때마다 그 승리가 영원하지 않음을 알아야 한다.

굳이 이 이야기의 교훈을 원한다면 교훈은 이것이다. 즉 피상적인 낙관론과 울부짖는 비관론을 둘 다 버리고, 인간의 곤경은 변하지 않는다는 냉엄하면서도 절망까지는 아닌 깨달음을 얻는 것이다. 모든 영웅 시대도 그렇게 살아왔다. 바로 여기서 노르웨이와의 유사성이 가장 강하게 드러난다. 쇠망치로 내려치되 거기에 연민이 섞여 있다.

"인간의 현실 생활과 관련해 진지하게 할 말이 있다면, 왜 굳이 피터 팬이 사는 네버랜드 같은 환상의 나라를 통해 말해야 하는가?" (누가 그렇게 묻는다면) 내 생각에 이유는 이렇다. 저자가 말하려는 주제 가운데 하나가, 바로 인간의 현실 생활에 그런 신화적이고 영웅적인 성격이 있다는 것이다. 그의 인물 설정에서 이 원리가 작용한다. 사실주의 작품이 갖추어야 하는 많은 "성격 묘사"를 여기서는 인물을 요정이나 난쟁이나 호빗으로 설정함으로써 단순하게 해결했다. 이 가상의 존재들은 속이 겉으로 드러나 있다. 영혼이 훤히 보인다. 인류가 동화에 나오는 영웅과도 같은 존재임을 보지 않고서야, 과연 우리는 우주에 맞서는 인류를 보았다고 할 수 있을까? 책에서 (세오덴을 이어 왕이 된) 에오메르는 "푸른 대지"를 경솔하게 "전설"과 대비한다. 그러자 아라고른은 푸른 대지 자체도 "대단한 전설이다"라고 답한다.[13]

신화는 우리가 아는 모든 것을 가져다가, 여태 "익숙해서 보이지 않던" 풍부한 의미를 되살려 낸다. 그것이 신화의 가치다. 아이는 식어서 (밍밍한) 고기를 방금 자기가 활을 쏘아 잡은 들소라고 생각하며 즐긴다. 현명한 아이다. 현실의 고기 그대로인데 이야기에 담그니 더 맛있어진다. 이제야 비로소 진짜 고기인지도 모른다.

현실의 풍경이 식상하거든 거울에 비추어 보라. 빵이나 금이나 말이나 사과나 길을 신화에 담글 때, 우리는 현실을 도피하는 것이 아니라 재발견한다. 이 이야기가 우리 마음속에 머물러 있는 한 현실은 더 현실다워진다. 이 책은 빵이나 사과만 아니라 선과 악, 우리의 끝없는 위험과 고뇌와 기쁨까지도 그렇게 다시 보게 해 준다. 신화에 담그면 더 똑똑히 보인다. 이 방법이 아니라면 그는 다른 어떤 방식으로도 이렇게 하지 못했을 것이다.

이 책은 한 번만 읽고서 최종 판단을 내리기에는 너무 독창적이고 풍부하다. 하지만 책이 우리에게 영향을 미쳤다는 것은 대번 알 수 있다. 자신이 이전과는 달라져 있기 때문이다. 누구든 조금씩 몇 번이고 거듭 읽어야겠지만, 이 책이 머잖아 필독서 반열에 들리라는 것만은 의심의 여지가 없다.

───

《이야기에 관하여 *On Stories: and Other Essays on Literature*》

"톨킨의《반지의 제왕》"

친애하는
톨러스에게

    사탕을 먹는 아이처럼 나도 1편을 오래오래 천천히 읽으려 했으나, 그만 욕심에 져서 책이 벌써 끝나 버렸네. 내게는 짧아도 너무 짧군. 마법이 풀리지 않아. 김리의 사랑과 로슬로리엔을 떠나는 장면은 아직도 도무지 감당이 안 되네. 이번 독서에서 이전에 몇 번 읽었을 때보다도 강하게 다가왔던 것은 조금씩 서서히 보로미르를 덮쳐 오는 그림자였네.

— J. R. R. 톨킨에게 보낸 편지
1953년 12월 7일

1. 〈반지의 제왕〉 시리즈 3부작 가운데 1편인 《반지 원정대》(1954년)를 가리킨다. 나머지 두 편 《두 개의 탑》(*The Two Towers*)과 《왕의 귀환》(*The Return Of The King*)은 1955년에 출간되었다. 1966년, 톨킨은 양장판으로 재판하면서 전체를 새롭게 손봤다.
2. "One Ring to Bind Them," *New Statesman and Nation* (1954년 9월 18일).
3. "On Fairy-Stories," *Essays Presented to Charles Williams* (1947년).
4. 《반지 원정대》, "프롤로그."
5. 《반지 원정대》, "프롤로그."
6. 《반지 원정대》, 1권 2장.
7. 《두 개의 탑》, 3권 2장.
8. "On Fairy-Stories."
9. 《두 개의 탑》, 3권 7장.
10. 《두 개의 탑》, 3권 4장.
11. 《두 개의 탑》, 3권 4장.
12. 《두 개의 탑》, 3권 4장.
13. 《두 개의 탑》, 3권 2장.

영웅 무용담^{saga}과 실제 역사를 혼동하는 위험

 어느 나라를 막론하고 실제 역사를 들여다보면 비루하고 수치스러운 행동으로 가득하다. 영웅담은 전형으로 굳어지면 잘못된 인상을 주기 때문에, 대개 진지한 역사 비평의 대상이다. 그래서 찬란한 과거에 기초한 애국심은 실상을 파헤치려는 이들에게 좋은 과녁이 된다. 많이 알수록 애국심이 붕괴되어 환멸과 냉소로 변하거나, 그대로 유지하려면 억지로 눈을 감아야 할 수도 있다. 하지만 그렇다 해서 누가 영웅담을 단죄할 수 있겠는가? 영웅담이 많은 중요한 순간에 많은 사람의 행동을, 그 덕분이 아니었을 경우보다 훨씬 나아지게 한 것만은 분명하니 말이다.

기만당하거나 오만해지지 않으면서도 과거의 이미지에서 힘을 얻는 일은 얼마든지 가능하다. 그 이미지가 위험해지는 것은 그것을 체계적인 본격 역사 연구로 착각하거나 그것으로 역사 연구를 대체하는 딱 그만큼까지다. 이런 이야기는 이야기로 후대에게 전해지고 받아들여져야 가장 좋다. 그렇다고 그것이 허구로만 전해져야 한다는 말은 아니다(그중 더러는 엄연한 실화다).

다만 강조점을 이야기라는 성격에 두어야 한다. 상상력을 자극하는 생생한 묘사, 의지를 다져 주는 귀감에 두어야 한다. 그리고 이런 이야기를 듣는 어린 학생은 자신이 무용담을 듣고 있음을(물론 말로 표현하지는 못하더라도) 어렴풋이 느껴야 한다. "대영제국을 일구어 낸 위업"(언론인 W. H. 핏체트의 표현-옮긴이)에 전율을 느끼되 "방과 후"에라면 더욱 좋다. 다만 이것을 아이의 "역사 수업"과 혼동하지 않을수록 좋다. 또 이것을 제국의 정책을 진지하게 분석한 것으로(더 심하게는 정당화로) 오해하지 않을수록 좋다. 어린 시절 내게는 컬러 그림이 가득한 *Our Island Story*(우리 섬 이야기)라는 어린이 영국사 책이 있었다. 언제 보아도 아주 딱 맞는 제목인 데다 전혀 교과서처럼 보이지도 않았다.

나는 뻔히 틀렸거나 편향된 역사를 아이에게 사뭇 진지하게 주입하는 행위야말로(지속될 경우 해로운 애국심을 낳지만 교육받은 성인에게는 오래 지속되기 힘들다) 아주 해롭다고 생각한다. 이는 영웅의 전설을 마치 사실인 양 교과서에 칙칙하게 위장하는 것이다. 그러면 다른 나라에는 감히 대적할 만한 영웅이 없다는 무언의 전제가 싹트면서, 심지어 전통이 실제로 "유전될" 수 있다는 신념(당연히 몹시 부당한 생물학이다)으로 비약할지도 모른다. 이 둘이 낳은 필연적인 산물이 소위 애국심이다.

이런 애국심은 정서가 아니라 신념이다. 자기 나라가 예부터 지금까지 실제로 다른 모든 나라보다 대단히 우월하다고 믿는 확고하지만 고리타분한 신념이다. 일전에 나는 어떤 연로한 목사가 그런 애국심을 피력하기에 용기를 내서 말했다. "하지만 목사님, 어느 민족이든 자기네가 세상에서 가장 용감한 남자들이고 가장 아름다운 여자들이라고 생각한다지 않습니까?" 그러자 그는 한없이 진지하게(제단에서 사도신경을 고백할 때도 이보다 진지할 수는 없을 것이다) "그야 그렇지만 영국의 경우는 그것이 사실입니다"라고 대답했다.

물론 이런 확신 때문에 그가 악당이 된 것은 아니고(하나님, 그의 영혼에 안식을 주소서), 다만 지극히 사랑스러운 옹고집 영감이 되었을 뿐이다. 하지만 이런 고집쟁이는 더러 발길질하며 물어뜯기도 한다. 일부 과격파는 기독교와 과학이 똑같이 금하는 항간의 인종차별주의에 점차 빠져들 수도 있다.

―――

《네 가지 사랑 The Four Loves》, 2장 "인간 이하 것에 대한 애호와 사랑"

THE READING LIFE

나는 뻔히 틀렸거나 편향된 역사를
아이에게 사뭇 진지하게 주입하는 행위야말로
아주 해롭다고 생각한다.
이는 영웅의 전설을 마치 사실인 양
교과서에 칙칙하게 위장하는 것이다.

두 가지 여행법,
두 가지 독서법

 외국을 즐기는 데 두 가지 방법이 있듯이 과거를 즐기는 데도 두 가지 방법이 있다. 어떤 사람은 다른 나라에 나갈 때도 영국을 품고 가서 조금도 달라지지 않은 채 돌아온다. 어디를 가든 다른 영국인 관광객하고만 어울린다. 그가 말하는 좋은 호텔이란 영국 호텔과 같다는 뜻이다. 아주 좋은 커피를 마실 수 있는데도 그는 차^{tea}가 형편없다고 불평

한다. ……

하지만 다른 여행법과 다른 독서법도 있다. 현지 음식을 먹고 그 지방에서 생산한 포도주를 마실 수 있다. 외국 생활을 체험할 수 있다. 그곳을 관광객 눈에 비치는 타국이 아니라 현지 주민의 나라로 볼 수 있다. 돌아올 때는 생각과 느낌이 이전과 달라져 있을 수 있다.

과거의 문학도 마찬가지다. 당신은 특정한 시가 당신의 현대적 감성에 남기는 첫인상을 뛰어넘을 수 있다. 시 외적인 요소를 공부하고, 다른 시들과 비교하고, 지나간 시대에 몰입할 수 있다. 그리하여 그 시 속에 다시 들어가 좀 더 그 시대에 살았던 사람의 시선으로 볼 수 있다. 알고 보면 당신이 고어(古語)에서 연상한 의미는 잘못되었고, 실제 함의는 당신의 짐작과 달랐을 수 있다. 당신에게 이상해 보이는 부분이 그때는 평범했고, 평범해 보이는 부분이 그때는 이상했을 수 있다. ……

내가 글을 쓰는 목적은 최대한 이러한 독서를 돕기 위해서다. 물론 역사를 알려는 동기 때문이기도 하다. 나는 시를 좋아하기 이전에 인간이며, 인간이다 보니 자연히 호기심이 있다. 즐기는 것 못지않게 알고 싶기도 하다. 하지만 설령 즐거움만이 나의 목적이라 해도, 여전히 이 방법을 고수해야 한다. 이를 통해 더 새롭고 참신한 즐거움(내 시대에는 결코 만나지 못할 것들, 다양한 감정 상태와 정취, 진짜 과거로 가는 여행)에 이르기를 바라기 때문이다. 60년 가까이 살아오면서 나는 더 넓은 세계를 보고픈 갈망조차 없을 만큼 나 자신이나 이 시대에 매료되지는 않았다. 해외로 떠나는 휴가를 관광객으로서만 보내는 일은 내게는 유럽을 낭비하는 것으로 보인다. 얻을 것이 그보다 많기 때문이다. 마찬가지로, 모든 지난 시대의 문학에 우리 자신의 얼굴만 비추어 보고 만다면 그것은 과거를 낭비하는 것 아닐까?

Studies in Medieval and Renaissance Literature (중세와 르네상스 문학 연구),

"시를 공부하는 법"

THE
READING
LIFE

해외로 떠나는 휴가를
관광객으로서만 보내는 일은
내게는 유럽을 낭비하는 것으로 보인다.
마찬가지로, 모든 지난 시대의 문학에
우리 자신의 얼굴만 비추어 보고 만다면
그것은 과거를 낭비하는 것 아닐까?

THE READING LIFE

PART 2

삶이 피어나는 독서의 자리로

책 읽기에 날개를 달아 줄 생각들

단어의 조합,
시어의 매력

일부 단어의 조합에서 (의미와는 거의 별개로) 음악 같은 전율이 전해져 올 수 있다니 재미있지 않아? 내가 너한테 부단히 가르치는 시어의 매력이 분명히 네게도 느껴지기 때문이지. 물론 이는 시를 감상하기 위함인데, 이미 너도 시를 꽤 감상하고 있으니 모든 좋은 시라고 말해야겠다.

친구 아서 그리브즈에게 보낸 편지, 1916년 3월 21일

진실성과 글쓰기 재능

존 번연이 글을 잘 쓴 이유를 그가 진실하고 솔직한 사람으로서 문학적 허세를 부리지 않고 생각대로만 표현했기 때문이라고 말해서는 안 된다. 틀림없이 번연 자신은 그렇게 설명했겠지만, 그것은 말이 안 된다.

그 설명이 맞다면, 누구나 진실하고 솔직하고 허세만 없으면 똑같이 글을 잘 쓸 수 있을 것이다. 하지만 내 또래 대다수 사람이 첫 전쟁 때 부관으로서 부대원들이 쓴 편지를 검열하면서 보았듯이, 글재주가 없는 사람은 아무리 말이 진실하고 솔직해도 손에 펜만 들었다 하면 진부한 상투어가 쏟아져 나온다.

여기 충격적 사실이 있다. 진실하지 않고는 글을 잘 쓰기가 치명적으로 어려울 수 있지만, 진실성 자체는 누구에게도 좋은 작법을 가르친 적이 없다. 진실성은 문학적 재능이 아니라 도덕적 덕목이다. 진실성에 대한 보상을 바랄 곳은 내세이지 문단이 아니다.

───

Selected Literary Essays (문학 평론선), "존 번연의 비전"

문체의 위력

네가 지난 편지에서 산문체가 "단어의 문자적 의미" 이상이냐고 물었지. 반대로 의미가 덜해. 산문체는 단어 자체만을 뜻하니까.

어떤 생각이든 그것을 표현하는 방법은 매우 다양하며, 문체는 주어진 생각을 가장 아름다운 단어와 운율로 표현하는 예술이야. 예를 들어 어떤 사람이 "그때에 이른 아침에 나타나는 별자리들이 음악 활동에 동참하며 천사의 영들이 큰 소리로 만족감을 증언했다"라고 말할 수 있겠지. 그런데 킹제임스KJV 성경에는 이 똑같은 생각을 이렇게 표현해 놓았어. "그때에 새벽별들이 기뻐 노래하며 하나님의 아들들이 다 기뻐 소리를 질렀느니라."

말도 안 되는 표현을 이렇듯 형언할 수 없이 아름다워지게 하는 것이 바로 문체의 위력이야.

친구 아서 그리브즈에게 보낸 편지, 1917년 8월 4일

책 '속에' 있지 않고
책을 '통해'
오는 것

    아름다움이 책이나 음악 속에 있는 줄 알고 거기에 의지하면 돌아오는 것은 배반이다. 아름다움은 그 속에 있지 않고 이를 통해 올 뿐이다. 결국 책이나 음악을 통해 오는 것은 그리움이다.

―――

《영광의 무게 *The Weight of Glory*》, "영광의 무게"

'재미'를 위한 책

문학의 (전부는 아니고) 대부분은 즐거움을 위해 가볍게 읽도록 되어 있다. 느긋하게 앉아서 어떤 의미에서 "재미로" 읽어야 한다. 그렇게 하지 않는다면 문학을 본래 용도대로 쓰는 것이 아니며, 따라서 우리의 모든 비평도 순전히 허사가 되고 만다. 어떤 물건이든 본래 용도대로 쓰지 않고는 평가할 수 없는 법이다. 버터 바르는 칼을 제대로 평가하려면 그것으로 통나무를 톱질할 수 있는지를 보아서는 안 된다. 순전히 즐거움을 주기 위한 작품에서 비평가들이 업무 시간에서 얻는 것과 같은 성과를 얻으려는 바람에, 실제로 형편없는 비평들이 양산된다.

―――

《기독교적 숙고 *Christian Reflections*》, "기독교와 문화"

독창성을 갖고 싶다면

독창성을 떠받들어서는 아무도 독창적 존재가 되지 못한다. 그러나 있는 그대로 진실을 말하고, 작은 일에도 그 자체를 위해 최선을 다해 보라. 그러면 소위 독창성이 저절로 찾아온다.

———

《영광의 무게 *The Weight of Glory*》, "멤버십"

'최신'을 믿는 신화

최신 책일수록 더 금방 구식으로 변한다네.

─────

《개인 기도 *Letters to Malcolm*》, 2장

시대의
흐름을
따라잡는다?

　말이 난 김에 말이지만 시대의 흐름을 따라잡는다는 것이 다 무슨 소용입니까? 동시대에 산다는 이유만으로, 좋아하지도 않는 작가들의 책을 읽어야 할 이유가 무엇입니까? 그렇게 따지자면 자기와 직업이 같거나 머리칼 색깔이 같거나 수입이 같거나 가슴둘레가 같은 모든 사람의 책도 읽어야 할 것입니다.

―

시인 루스 피터에게 보낸 편지, 1951년 1월 6일

'폭넓은 취향'의 의미

친구가 아주 많다 해서 내가 인간의 탁월한 진가를 폭넓게 인정한다는 증거는 아니다. 내 서재에 있는 책을 다 즐길 수 있다 해서 내 문학적 취향이 폭넓다는 증거가 아닌 것과 같다. 두 경우 모두 답은 똑같다. "그 책들은 당신이 선택했고 친구들도 당신이 선택했다. 그러니 당신에게 맞을 수밖에 없다."

폭넓은 취향의 독서란 헌책방 바깥에 내놓은 책에서도 자신에게 필요한 것을 찾아낼 줄 아는 것이다. 마찬가지로 인간에 대한 취향도 참으로 폭이 넓다면, 날마다 마주치는 각양각색의 인간 군상에서 소중한 것을 찾아낸다.

―――

《네 가지 사랑 *The Four Loves*》, 3장 "애정"

진정으로
책을 향유하는
사람

칵테일 파티가 끝났다. 교양이 넘쳐났지만 예술품이나 사람이나 자연물을 진정으로 즐거워하는 기색은 어느 누구의 말에나 눈빛에도 전혀 없었다. 그러고 나니 내 마음은 버스에서 공상과학소설을 읽는 소년에게로 반갑게 이끌린다. 아이는 주변 세상일랑 까맣게 잊은 채 독서 삼매경에 빠져 있다. 여기서 나는 꾸밈없이 살아 있는 진정한 무엇을 만난 심정이다. 그 진정한 문학 체험은 자발적이고 불가항력이며 사심이 없다.

이 아이에게서 나는 희망을 본다. 어떤 책이든 책에 관심이 많은 사람은 언젠가는 좋은 책을 탐독할 수도 있다. 그들은 감각세포가 늘 깨어 있으며 놀라운 감상의 안목이 그 안에 잠재되어 있다. 설령 이 소년이 공상과학소설보다 더 진지한 문학을 끝내 좋아하지 않는다 해도, 그래도(이어지는 인용문은 윌리엄 워즈워스의 시구다-옮긴이),

이것을 사랑하는 아이는 적어도 하나의
값진 소득을 거두리니 곧 자신을 잊어버리는 경지다.

―――

《세상의 마지막 밤 *The World's Last Night*》, "썩은 백합"

문단文壇의
속물들

    일부 비평가는 문학을 읽는 "다수"를 논할 때, 마치 다수라면 무조건 다 오합지졸인 양 말한다. 무지몽매한 무리라서 반응도 "어설프고 조잡하고 진부하다"라고 그들을 비난한다. 여기에는 그들이 삶의 모든 부분에서 서투르고 둔하여 결국 영원히 문명에 위험한 요소라는 의미가 깔려 있다. "대중" 소설을 읽는 것이 부도덕하다는 말처럼 들릴 때도 있다.

내가 보기에 이는 경험에서 나온 말이 아니다. 내 생각에 이 "다수" 중에는 정신 건강, 덕성, 실생활의 지혜, 반듯한 예의범절, 전반적 적응력 등에서 소수 쪽과 대등하거나 오히려 소수 쪽보다 나은 사람들도 있다. 게다가 누구나 익히 알다시피, 우리 문인 중에도 무지하고 야비하고 옹졸하고 뒤틀리고 호전적인 사람이 적지 않다. 이 사실을 외면하는 일부 비평가의 성급한 도매금식 차별에 절대로 동조해서는 안 된다.

《오독: 문학 비평의 실험 *An Experiment in Criticism*》,

2장 "잘못된 특징 규정"

좋아하는 책은
10년마다
다시 읽어야 한다

단언하는데, 모든 좋은 책은 적어도 10년에 한 번씩 다시 읽어야 해.

친구 아서 그리브즈에게 보낸 편지, 1933년 8월 17일

책을 통한
풍부한 간접 경험

　사랑에 빠져 본 적이 있느냐고 내게 물었지. 바보라야 사랑에 빠지는데, 내가 아무리 바보라도 그 정도는 아니지. 하지만 어떤 주제든 직접 경험한 것만 말할 수 있다면, 모든 대화가 아주 빈곤해질걸. 비록 소위 사랑을 직접 경험하지는 못했어도 내게는 그보다 더 좋은 것이 있어. 바로 …… 에우리피데스와 카툴루스와 셰익스피어와 스펜서와 오스틴과 브론테 등 여태 내가 읽은 모든 사람의 경험이지. 우리는 그들의 눈을 통해서 보는 거야. 큰 것이 작은 것을 품듯이, 거장의 감성 속에 범인(凡人)의 희로애락도 다 담겨 있게 마련이지. 그래서 우리는 얼마든지 그것에 대해 말할 권리가 있어.

친구 아서 그리브즈에게 보낸 편지, 1915년 10월 12일

다 읽지 않아도
된다

책을 읽을 때 절대로 "건너뛰어서는" 안 된다는 생각은 아주 어리석다. 분별 있는 사람이라면 누구나 자신에게 쓸모없는 장이 나올 때 주저 없이 건너뛴다.

───

《순전한 기독교 *Mere Christianity*》, 4장 "시간과 시간 너머"

책을 읽을
자유를
위하여

국가는 단순히 현세에서 인간의 평범한 행복을 키우고 지키기 위해 존재한다. 불을 쬐며 한담을 나누는 부부, 선술집에서 다트 게임을 즐기는 친구들, 자기 방에서 책을 읽거나 정원에서 땅을 파는 남자―바로 이를 위해 국가가 있다. 그런 순간들을 늘리고 지속시키고 지켜 주지 않는 한 모든 법률과 의회와 군대와 법정과 경찰과 경제 등은 시간 낭비일 뿐이다.

―――

《순전한 기독교 *Mere Christianity*》, 4장 "기독교는 쉬울까, 어려울까?"

허클베리 핀

지금껏 나는 《톰 소여의 모험 The Adventures of Tom Sawyer》과 《허클베리 핀의 모험 The Adventures of Huckleberry Finn》을 즐겨 읽습니다. 마크 트웨인이 왜 동급의 작품을 더 쓰지 않았는지 궁금하군요. 허클베리가 "착해지려고" 짐을 배반하기로 했다가 차마 못하고는 스스로 못돼 먹었다고 생각하는 장면은 유머와 비애와 연민에서 타의 추종을 불허합니다. 그러면서 모든 도덕 문제의 정곡을 찌르지요.

―――

워필드 M. 파이러 이사에게 보낸 편지, 1950년 12월 6일

유년기의
영광

　당신처럼 나도 사춘기 초반에 읽었던 책들은 다시 읽으면 대개 매력이 없는데, 유년 초기에 읽었던 책들은 대부분 여전히 좋습니다. 여성들은 어떤지 모르겠지만, 내 경우는 돌아보면 유년기의 영광과 사춘기의 영광 사이에 황야가 가로놓여 있는 듯합니다. 그 구간을 지나는 동안에는 사람이 그저 욕심 많고 못되고 심술궂은 작은 동물일 뿐, 상상력은 거의 밑바닥 수준으로 잠들어 있지요.

―――

로나 보들에게 보낸 편지, 1953년 12월 26일

제인 오스틴

제인 오스틴을 건전한 도덕가로 생각한다니 다행입니다. 내 생각도 같습니다. 그녀는 진부한 도덕가가 아니라 섬세하면서도 확고하지요.

―

돔 비드 그리피스에게 보낸 편지, 1952년 5월 5일

나는 그 무엇도, 서로 꼭 들어맞는 독자와 책을 갈라놓을 수 없다고 봅니다. 다만 우리의 문학적 취향은 인간만큼이나 다양하지요! 누가 뭐라 해도 나는 헨리 제임스를 좋아하거나 제인 오스틴을 싫어할 수는 없습니다.

―

로나 보들에게 보낸 편지, 1953년 9월 14일

내 평생에 걸쳐 《오만과 편견*Pride and Prejudice*》을 수시로 읽고 있는데, 조금도 싫증나지 않습니다.

새라 네일런에게 보낸 편지, 1954년 1월 16일

예술과
문학이
건강하려면

　

예술과 문학에 관해 내놓은 당신의 말에 전적으로 동의합니다. 내 생각에 예술과 문학이 건강할 수 있으려면 (1) 단연코 순수한 오락만을 목적으로 하거나 (2) 분명히 종교적 진리나 적어도 도덕적 진리의 종이라야만 합니다. 그런 면에서 단테도 괜찮고 픽윅(찰스 디킨스의 소설 《픽윅 클럽 여행기 The Pickwick Papers》의 주인공-옮긴이)도 괜찮습니다. 그러나 위대한 본격 반종교 예술(예술을 위한 예술)은 다 허튼소리며, 굳이 말하자면 예술이 정말 융성할 때는 그런 것은 결코 존재하지도 않습니다.

최근에 내가 읽은 어떤 책의 작가가 사랑(성적인 사랑)에 관해 한 말이 예술에도 똑같이 적용됩니다. "사랑은 신의 자리에서 내려오면 악마 행세도 그만두게 된다." 정말 그렇지 않습니까?

돔 비드 그리피스에게 보낸 편지, 1940년 4월 16일

예술 작업

우리가 "감상"을 강요받는 많은 현대 소설과 시와 그림이 좋은 작품이 아닌 이유는, 그것들이 아예 작품이 아니기 때문이다. 그것은 감정이나 소견을 쏟아 놓은 웅덩이에 불과하다. 예술가가 엄밀한 의미에서 예술 작업을 할 때는 당연히 독자나 관람객의 기존 취향과 관심사와 역량을 고려한다. 언어나 대리석이나 물감 못지않게 그것도 원재료의 일부며, 따라서 예술가는 이를 무시하거나 거부할 것이 아니라 활용하고 길들이고 승화시켜야 한다. 이에 대한 거만한 무관심은 비범한 재능이나 고결한 태도가 아니다. 게으름과 무능일 뿐이다.

―――

《세상의 마지막 밤 The World's Last Night and Other Essays》,

"선한 일과 선행"

보라,
들으라,
받으라

모든 예술 작품은 제일 먼저 우리에게 순응을 요구한다. 보라. 들으라. 받으라. 길을 막지 말고 비켜나라. (눈앞의 작품에 그렇게 순응할 가치가 있는지부터 묻는 것은 부질없는 짓이다. 일단 순응하지 않고는 답을 알아낼 수 없기 때문이다.)

―――――

《오독: 문학 비평의 실험 *An Experiment in Criticism*》,

3장 "소수와 다수가 그림과 음악을 대하는 방식"

읽은 책에 관해 대화하기

책을 읽은 후에는 다른 사람과 함께 그 책에 관해 토론하는 것보다 더 좋은 일은 없다고 봐. 때로 상당한 격론이 벌어진다 해도 말야.

―

친구 아서 그리브즈에게 보낸 편지, 1916년 3월 14일

편지 쓰기의 좋은 점

 자고로 편지를 쓰는 이들의 특권은 차마 말로 하지 못할 부분까지 지면에 옮기고, 말보다 웅장하게 글에 담아내며, 자칫 대화 중에 놓치고 지나갈 감정도 자세히 설명할 수 있다는 거야.

친구 아서 그리브즈에게 보낸 편지, 1914년 11월 10일

단테
예찬

 여태 내가 읽은 모든 시 가운데 대체로 단테의 시가 최고다. 그런데 그의 시의 탁월함이 최고 정점에 이를 때면, 정작 단테가 하는 일은 별로 없어 보인다. 위대한 시가 저절로 써지는 듯한 묘한 기분이 든다. 기껏해야 시인은 최소한의 역할로 군데군데 살짝 손만 대서 에너지의 방향을 잡아 줄 뿐이고, 대부분은 에너지가 저절로 뭉쳐 절묘한 전개로《신곡_La Divina Commedia_》을 이루어 나간다. ······

요컨대 시 예술 전반에서 최고 경지는 결국 일종의 물러남이다. 거기에 도달하려면 시인의 눈에 비친 세상 전체가 그의 뇌리에 아주 깊숙이 들어와 있어야 한다. 그러면 이제 시인은 길을 비켜나기만 하면 된다. 가만히 있으면 파도가 밀려오고, 산들이 잎을 흔들고, 빛이 비쳐 들고, 천체가 회전한다. 이 모두가 시를 짓는 데 필요한 소재가 아니라 그 자체로 시다.

Studies in Medieval and Renaissance Literature (중세와 르네상스 문학 연구),

"단테의 직유법"

알렉상드르 뒤마

W〔루이스의 형 워렌〕가 진지하게 권유하길래 《삼총사*The Three Musketeers*》를 읽어 보았는데, 식상할 뿐 아니라 역겹기까지 했어. 거드름 피우며 각기 정부(情婦)가 대 주는 돈으로 연명하는 불량배들이라니 얼마나 역겨운지! …… 이 용맹과 모험의 세계는 추상적일 뿐 아무런 기반이 없더라고. 인간 본성이나 대자연과의 접점이 없다는 말이야. 장면이 파리에서 런던으로 바뀔 때도 새로운 나라에 왔다는 기분이 전혀 들지 않지. 분위기도 달라지지 않고. 뒤마가 구름이나 길이나 나무를 본 적이 있음을 엿볼 만한 대목이 내 생각에 하나도 없었어.

――

친구 아서 그리브즈에게 보낸 편지, 1933년 3월 25일

동화가 안겨 준 뜻밖의 선물

　이상하게도 내가 동화를 즐겨 읽은 때는 내 기억에 유년 초기가 아니라 주로 그(열두 살) 무렵이었다. 나는 난쟁이들의 마법에 호되게 빠졌다. 그때만 해도 난쟁이는 눈같이 흰 턱수염을 하고 환한 색 후드를 쓰고 있었다. 일러스트레이터 아서 래컴이 그들을 고상하게 꾸며 그리기 전, 월트 디즈니가 그들을 통속화시키기 전이었다.

　나는 그들을 어찌나 골똘히 상상했던지 거의 환각이 보일 정도였다. 한번은 정원을 걷던 중에 한순간 난쟁이 하나가 후다닥 내 곁을 지나 관목 속으로 들어간 것 같기도 했다. 살짝 놀랐지만 밤의 공포와는 달랐다. 요정에게 가는 길목을 지켜 선 두려움이라면 나도 맞설 수 있었다. 겁쟁이기만 한 사람은 없는 법이다.

《예기치 못한 기쁨 Surprised by Joy》, 3장 "마운트브라켄과 캠벨"

논평의
언어

그냥 기술만 하기란 불가능하다. 말에는 이야기를 하는 사람의 주관이 들어갈 수밖에 없다.

―――

《현안: 시대 논평 *Present Concerns*》, "점잔 빼기와 문헌학"

삶의
정수를
소통하려면

우리는 의식이 있는 존재인 만큼, 날마다 종일 우리 삶을 구성하는 정수는 암시와 직유와 은유와 감정을 통하지 않고는 소통될 수 없다. 어떤 감정은 (그 자체로는 썩 중요하지 않지만) 삶을 엿보는 단서가 된다.

―――

《기독교적 숙고 *Christian Reflections*》, "종교의 언어"

독서의 맛을 돋우는
나만의 비결

　그런 책을 속속들이 즐기려면 독서를 일종의 취미로 삼아 진지하게 임해야 해. 우선 나는 맨 뒤쪽 빈 페이지에 지도를 그리고, 인물 계보를 한두 개의 도표로 작성한 다음, 끝으로 어떤 이유로든 내가 밑줄을 쳐 둔 모든 단락 끝에 색인을 만들지. 사진 현상이나 스크랩북 작성을 흔히들 어떻게 즐기는지 생각해 보면, 왜 독서는 이런 식으로 취미로 삼는 사람이 별로 없는지 종종 의문이야. 꼭 읽어야만 했던 많은 따분한 책도 나는 이 방법으로 즐겨 왔거든. 손에 세필(細筆)을 쥐고서 말야. 늘 무언가를 만드는 셈이지. 이렇게 읽은 책은 책의 매력을 잃지 않으면서도 장난감처럼 정까지 든다고.

친구 아서 그리브즈에게 보낸 편지, 1932년 2월

플라톤과 아리스토텔레스

내가 플라톤과 아리스토텔레스에게 빚진 부분을 잃는다면, 그것은 팔다리를 하나 잘라내는 것과도 같다.

Rehabilitations and Other Essays (부흥 외 에세이집), "'영문학부'의 개념"

시,
작은 성육신

　태초에 하나님은 자신과 인간과 천사와 (본래 상태의) 동물의 즐거움을 위해 위대한 상상력으로 자연계 전체를 고안하여 빚으셨고, 굳이 자신을 인간의 언어로 표현하셨다. 이때 그 언어가 때로 시(詩)로 터져 나온 것은 내 생각에 적절하다 못해 거의 불가피해 보인다. 시 또한 이전에 보이지 않고 들리지 않던 것에 몸을 입혀 주는 작은 성육신이기 때문이다.

―――

《시편 사색 *Reflections on the Psalms*》, 1장 "들어가는 말"

조금만 더
읽는다면

조금만 더 책을 읽을 시간이 있다면 얼마나 좋을까. 우리는 얕고 넓게 읽거나 깊고 좁게 읽거나 둘 중 하나지.

친구 아서 그리브즈에게 보낸 편지, 1919년 3월 2일

셰익스피어

존 밀턴이 우직하게 전진해 나간다면, 셰익스피어는 약간 제비처럼 행동한다. 주제를 향해 돌진하다가 시선을 딴 데로 돌린다. 그러다 우리 눈이 따라잡기도 전에 다시 거기로 돌아간다. 마치 계속 시도하는데 양에 차지 않는 듯하다. 그는 독자에게 잇따라 시상을 던지면서도 그것으로 충분하지 않다고 생각하는 것 같다. 신화의 경포(輕砲)를 잔뜩 늘어놓고는 미처 발사하기도 전에 그 하나하나에 싫증을 낸다. 그는 대상을 수많은 다른 각도에서 보려 한다.

이런 품위 없는 말을 감히 써도 된다면, 셰익스피어는 조금씩 야금야금 뜯어먹는다. 딱딱한 과자를 이쪽저쪽 번갈아 먹으려 해 보는 사람과도 같다. 이와 비슷한 대비를 이 두 시인 중간 거의 어디서나 볼 수 있다.

Selected Literary Essays (문학 평론선), "셰익스피어의 차이점"

《햄릿*Hamlet*》만의 풍미

"확실히 예술의 실패작이다."

논쟁마다 마침내는 이 결론을 지지하지만, 《햄릿》을 다시 읽으면 달라진다. 다시 보면, 이것이 실패일진대 실패가 성공보다 낫다는 말이 절로 나온다. 이런 "부실한" 희곡이 더 많았으면 싶어진다.

처음에 귀신 장면을 어린아이처럼 읽던 때부터 시작해서 《햄릿》에 관한 시험지를 채점하다가 《햄릿》 자체를 몇 페이지 슬쩍 읽던 그 천금의 순간에 이르기까지, 과연 이 작품이 한시라도 매혹을 잃은 적이 있던가? ……

《햄릿》만의 맛이 있는데, 그 풍미가 작품 구석구석에까지 스며 있어 짤막한 문구 하나만으로도 식별될뿐더러 한 번 맛본 사람은 다시 찾게 된다. 그 맛이 그리워질 때면 다른 어떤 책으로도 그것을 대신할 수 없다.

Selected Literary Essays (문학 평론선), "햄릿: 왕자인가 시인가?"

레오 톨스토이

 지난번 편지를 쓴 뒤로 내게 있었던 가장 흥미로운 일은 《전쟁과 평화War and Peace》를 읽은 것인데 …… 이로써 소설을 보는 내 관점이 완전히 달라졌어.

 여태까지는 늘 소설을 약간 위험한 종류로 보았지. 문학 전반의 건강에 위험하다는 뜻이야. 소설은 강한 "이야기 욕구"(결말을 알고 싶은 견딜 수 없는 궁금증)를 불러일으키는데, 나는 이 욕구가 필연적으로 해를 끼친다고 생각했거든. 더 낫지만 덜 불가항력인 다른 종류의 문학적 즐거움을 볼 줄 아는 안목을 짓밟는다고 말이야.

또 독자를 통속적 부류와 지식인 부류로 비참하게 갈라 놓은 현상도 나는 다분히 소설 읽기가 증가한 탓이라 봤어. 통속적 부류란 책을 처음 읽을 때부터 그저 "이야기 욕구"가 학습된 탓에, 더 나은 즐거움을 볼 줄 아는 자신의 안목을 지레 말살해 버린 사람들이지. ……

그런데 톨스토이가 이 책에서 그 모두를 바꾸어 놓았지 뭐야.

친구 아서 그리브즈에게 보낸 편지, 1931년 3월 29일

글쓰기를 위한
조언

자신만의 문체를 개발하려면 (1) 본인이 하려는 말을 정확히 알아야 하고, (2) 만전을 기하여 정확히 그것만 말해야 합니다. 우리가 하려는 말을 독자가 처음에는 모른다는 사실을 잊어서는 안 됩니다. 가끔 저는 글쓰기란 양 떼를 몰고 길을 가는 것과도 같다는 생각이 들어요. 왼쪽에든 오른쪽에든 문이 열려 있으면 독자는 당연히 아무 문으로나 들어가지요.

―――

《피고석의 하나님 *God in the Dock*》, "질의응답"

좋은 독서

좋은 신발은 신고 있어도 느껴지지 않는 신발이네. 마찬가지로 좋은 독서는 시력이나 조명이나 인쇄 상태나 맞춤법 따위를 의식적으로 생각할 필요가 없을 때 가능해지지.

―――

《개인 기도 *Letters to Malcolm*》, 1장

부록

나의 독서 생활을
돌아보는 시간

* 현재의 당신을 빚어낸 책을 열 권만 꼽아 보세요. 그 책들이 어떻게 당신을 빚어냈는지 책마다 한두 문장으로 표현해 보세요.

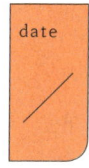

* 독서라는 선물은 루이스가 자주 쓴 표현으로 "타인의 눈으로 볼" 수 있는 기회입니다. 지금까지 당신이 읽은 책 가운데 당신의 세계관과는 사뭇 다른 세계관을 보여 준 책들은 어떤 책인가요? 이런 경험을 함으로써 당신은 어떻게 달라졌나요?

* 익숙하지 않은 다른 세계, 문화와 인종과 종교와 역사 등 여러 면에서 차이점을 보이는 세계에 눈뜨기 위해 당신이 읽어야 할 책들은 무엇인가요?

 * 루이스는 고서와 심지어 유년기에 읽었던 책까지 다시 읽는 것을 매우 중시합니다. 지금까지 당신이 다시 읽은 책은 어떤 것들이며, 왜 굳이 그 책들이었나요? 세 번 이상 읽은 책은 무엇이며, 그 책들은 당신에게 어떤 영향을 미쳤나요?

* 아득한 어린 시절에 책들이 당신을 매혹하여 책을 좋아하게 만들었던 기억을 글로 써 보세요. 그 책들을 최근에 다시 읽은 적이 있나요? 여전히 매혹적이었나요? 이런 유년의 경험은 당신에게 어떤 영향을 미쳤나요?

 * 평소 현대 서적들만 읽어 왔다면, 이제부터 당신이 막간에 작정하고 읽을 "고서"를 쭉 적어 보세요.

* 루이스는 판타지와 마법의 책인 동화를 자주 언급했는데, 당신은 이 장르를 어떻게 생각하나요? 당신에게 가장 큰 영향을 미친 동화는 무엇이며, 그런 책들이 당신에게 "현실" 세계에 관해 무엇을 가르쳐 주었나요?

* 루이스는 자신이 제일 좋아하는 작가인 조지 맥도널드를 알게 된 순간을 감동적으로 기록했습니다. 당신은 어떤 작가를 제일 좋아하며, 그 작가는 당신의 삶에 어떤 역할을 했나요?

* 루이스는 즐거움을 위한 독서의 중요성을 강조합니다. (설령 즐거움에 가책이 느껴질지라도) 당신이 순전히 즐거움이라는 목적으로만 읽는 책은 어떤 종류인가요? 이런 독서가 왜 중요하다고 생각하나요?
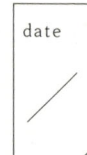